OPERACIÓN
ÉXODO

La profecía
se cumple

Gustav Scheller
Prólogo por Roger Wolcott

BETANIA

Un Sello de Editorial Caribe

© 1999 CARIBE/BETANIA, EDITORES
Una división de Thomas Nelson, Inc.
Nashville, TN—Miami, FL
www.editorialcaribe.com
Email: editorial@editorialcaribe.com

Título del original inglés: *Operation Exodus*
© 1998 Gustav Scheller

ISBN: 0-88113-556-9

Impreso en EE.UU.
Printed in U.S.A.
2ª Impresión

Dedicatoria

A mi preciosa esposa Elsa, compañera de viajes y de oración, además de consejera sabia. Después de la gracia de Dios, tú eres lo mejor que me pudo haber sucedido. A Beverley Hill, asistente leal y confiable a través de muchos años, cuyo apoyo ha sido una inspiración para mí. A todos los siervos valientes de Ebenezer, quienes en el pasado y presente demostraron y demuestran el amor en acción hacia el pueblo escogido de Dios.

A los muchos creyentes que nos acompañaron en oración. Sin su fiel intercesión «Operación Éxodo» no hubiera tenido éxito.

A todos aquellos que con sus gentiles dádivas, muchas veces donadas con sacrificio, han hecho posible para los judíos el regreso a la tierra prometida.

Contenido

Los autores

Gustav Scheller

Gustav Scheller nació en Suiza en 1929. Hace cuarenta años emigró a Inglaterra, en donde estableció una compañía de viajes y turismo. Creó varias escuelas de idiomas extranjeros y, en el momento cumbre de su negocio, tuvo oficinas en Londres, Edimburgo, Suiza y Tokio. La compañía recibió en 1974 el premio de la Reina de Inglaterra a la industria de viajes y turismo. Gustav está casado con Elsa, quien a través de su labor en Ebenezer Emergency Fund [Fondo de Emergencia Ebenezer], ha sido un apoyo maravilloso para su esposo en su ministerio. Tienen cuatro hijos y muchos nietos. En 1982, mientras estudiaban en una escuela bíblica en EE.UU., el Señor reveló a Gustav y Elsa a través de una palabra profética su plan y su propósito de hacer regresar a su pueblo escogido a Israel, la tierra que Él les había prometido. Asímismo el Señor les reveló que algún día ellos participarían directamente en la *Aliyah* en forma práctica y definida.

Terminado este período de estudio en EE.UU., Gustav y Elsa comenzaron un ministerio llamado «Dejad ir a mi Pueblo» (mandato de Dios dado al Faraón de Egipto por medio de Moisés). Este ministerio ha provisto ayuda práctica y consuelo a los judíos del antiguo bloque comunista de Rusia y atrajo la atención de la Iglesia acerca de la difícil situación de ese pueblo en aquellas tierras.

En 1991 durante una Conferencia Internacional de Oración celebrada en Jerusalén, y en medio del conflicto de la Guerra del

Golfo, el Señor habló a Gustav, quien había reunido a ciento veinte intercesores de muchas naciones para orar por Israel. Le dijo que aquel era el momento de devolver a su patria a su pueblo. ¡Un momento que Gustav nunca hubiera pensado apropiado!

Así nació el ministerio Ebenezer Emergency Fund [Fondo de Emergencia Ebenezer] al cual creyentes gentiles del mundo entero han respondido con apoyo financiero e intercesión. La palabra «Ebenezer» la encontramos en 1 Samuel y significa «hasta aquí nos ha ayudado el Señor». Ebenezer es nuestro testimonio, porque sin su ayuda nada hubiéramos podido hacer. Al comienzo del ministerio la ayuda fue proporcionar vuelos aéreos a los que llamamos «vuelos de misericordia». A fines de 1991 y principios de 1992 experimentamos con tres viajes por barco desde Odessa (Ukrania) hasta Haifa (Israel). Esto probó ser un importante acontecimiento, pues nunca antes en la historia moderna se había establecido una línea marítima ente Israel y el bloque comunista ruso.¡El Señor lo hizo posible!

Desde entonces el ministerio de Fondo de Emergencia Ebenezer se ha expandido, y completó sesenta y dos viajes en diciembre de 1997, viajes en los que transportó por mar más de veinte mil judíos a su tierra desde diferentes partes de Europa Central, Armenia, Uzbekistan, Kazakhstan y Siberia. El Señor nos ha mostrado que nosotros —los cristianos gentiles — debemos llevar a sus hijos desde los confines de la tierra... y en estos momentos estamos negociando de qué manera podríamos ayudar al pueblo judío a lograr este «regreso» a la tierra prometida desde otras partes del antiguo bloque comunista.

> Así dijo Jehová el Señor: «He aquí, yo tenderé mi mano a las naciones, y a los pueblos levantaré mi bandera; y traerán en brazos a tus hijos, y tus hijas serán traídas en hombros»
>
> (Isaías 49.22).

Sabemos que ninguna de las promesas que Dios ha hecho a Israel ha quedado sin cumplirse. Él ha ejecutado cada una de ellas. **El que esparció a Israel los recogerá de nuevo y los guardará** y los llevará de regreso a la tierra que Él entregó por posesión eterna a sus antepasados.

Jonathan Miles

Jonathan Miles es un periodista que ha vivido en Israel por ocho años junto a su esposa y sus cinco hijos. Miles ha trabajado con inmigrantes judíos y refugiados árabes.

Prólogo

Este libro es un relato de algunos de los más emocionantes y milagrosos acontecimientos de nuestra época. Será difícil dejar de leerlo una vez que empieces. Con él te gozarás, llorarás, te maravilarás de lo que el Señor hace en el día de hoy y tu fe crecerá..

En el año 1991, un grupo de catorce mexicanos tomamos el último vuelo de Lufthansa desde Frankfurt, Alemania, a Tel Aviv antes de que estallase la guerra del Golfo y los vuelos comerciales a Israel fuesen suspendidos por causa del peligro. Sabíamos que íbamos a una cita de gran importancia y que nuestra participación en la Conferencia Internacional de Oración en Jerusalén iba a ser un evento clave para la protección y bendición de Israel. Nos unimos con otros ciento veinte cristianos comprometidos de veinticuatro naciones en el hotel Holyland en Jerusalén. No sabíamos que íbamos a ser testigos del nacimiento de un ministerio extraordinario que iba a tener y seguirá teniendo un impacto en la restauración de Israel, (El Fondo de Emergencia Ebenezer, Operación Exodo).

Tuve el privilegio de conocer a Gustav Scheller en al año de 1987 cuando participé en un recorrido de oración intercesora por Israel que él estaba coordinando bajo la dirección de Steve Lightle. En ese recorrido mis ojos se abrieron para comprender los acontecimientos esenciales que tienen que peroducirse antes de la Segunda Venida de nuestro Señor y de la importancia de Israel en los propósitos eternos de Dios. Desde que conocí a Gustav, me impactó su consagración, su capacidad y su profundo amor al Señor y al pueblo de Israel. Juntamente con María, mi esposa, nos hicimos amigos de inmediato; y desde que conocimos a su bella esposa Elsa, nuestra amistad y nuestra admiración por ambos ha continuado profundizándose de año en año. Gustav es verdaderamente un hombre de Dios cuya fe y compromiso con Dios y Sus propósitos han sido un continuo reto para nosotros.

Yo veo tres cosas que son necesarias antes de que nuestro Señor Jesucristo regrese.

1. La restauración de Israel
2. La preparación de la novia
3. La Evangelización del mundo

Las Escrituras nos enseñan que Jesús viene por «una iglesia gloriosa, que no tuviese mancha ni arruga, ni cosa semejante, sino que fuese santa y sin mancha» (Efesios 5.27). No creo que Jesús vuelva hasta que Su oración en Juan17.21 quede contestada: «Que todos sean uno; como tú, oh Padre, en mí, y yo en ti, que también ellos sean uno en nosotros; para que el mundo crea que tú me enviaste».

Los discípulos le preguntaron al Señor: «¿Cuándo serán estas cosas, y qué señal habrá de tu venida, y del fin del siglo?» Jesús habló de engaños religiosos, de guerras, de trastornos en la naturaleza, de tribulación, de la multiplicación de la maldad, pero después dijo: "Y será predicado este evangelio del Reino en todo el mundo, para testimonio a todas las naciones; y entonces vendrá el fin» (Mateo 24.14).

Esto indica que es necesario que cumplamos con la Gran Comisión de Cristo antes de que Él venga (Mateo 28.18-20; Marcos 16.15; Lucas 24.46,47; Juan 20,21; Hechos.1.8; 1 Timoteo 2.4; 2 Pedro 3.9).

Casi todos los creyentes conocen la importancia de estos dos acontecimientos. Pero muchos ignoran la importancia de la restauración de Israel en los designios eternos de Dios. El apóstol Pablo nos recuerda que los dones y el llamamiento de Dios son irrevocables (Romanos 11.29); que Dios no ha desechado a Israel (Romanos 11.1), ni ha tropezado Israel para que cayese (Romanos 11.11). Apunta a un tiempo de plena restauración (Romanos 11.12) y que su admisión será «vida de entre los muertos» (Romanos 11.15) y que Dios es poderoso para volverlos a injertar en su propio olivo (Romanos 23, 24). Él dice que no quiere que ignoremos este misterio y nos habla de un día en que todo Israel será salvo (Romanos 11.25,26).

Ezequiel 36, 37 nos muestra con claridad que la restauración de Israel será en dos etapas. Primero se producirá la restauración física y después la restauración espiritual (Ezequiel 37.1-10; 36.24-28); y Jesús mismo dijo que la ciudad judía de Jerusalén no lo vería más hasta que dijeran «Bendito el que vieneen el nombre del Señor» (Mateo 23.39).

El libro de Operación Éxodo es la historia fascinante de cómo Dios en nuestros tiempos está cumpliendo sus profecías en cuanto a su pueblo. Mi oración es que al leer este libro el Señor pueda abrir tus ojos y llenar de pasión tu corazón de tal forma que puedas responder diciendo: «Señor, quiero participar en lo que estás haciendo en el día de hoy. Quiero ayudar y cooperar contigo en la preparación de todas las cosas para la venida de tu Hijo». Maranatha.

Pastor Roger Wolcott
Castillo del Rey
Monterrey, México

Introducción del editor

Para poder comprender a fondo este libro es esencial comprender primeramente a Dios, su naturaleza y sus propósitos eternos para Israel.

Fue por amor que Él escogió a Abraham, Isaac y Jacob (cuyo nombre fue cambiado a Israel) y les prometió una tierra propia (Génesis 12.1; 15.7). Esta tierra tiene sus límites claramente definidos: «desde el río de Egipto hasta el gran río, el río Éufrates» (Génesis 15.18). Esta promesa falta aún por cumplirse en su totalidad, pero el día llegará cuando Dios cumplirá su pacto en plenitud.

Vivimos en la «época de la igualdad». Hay algunos que incluso consideran injusto el que Dios haya escogido al pueblo judío como su pueblo y que hasta les haya prometido esta tierra para siempre. Tal promesa nunca fue hecha a otra nación. Asímismo Dios sabía que ellos, los judíos, vivirían en Egipto por cuatrocientos años y se lo hizo saber a Abraham:

> Ten por cierto que tu descendencia morará en tierra ajena, y será esclava allí, y será oprimida cuatrocientos años.
>
> (Génesis 15.13)

Dios les prometió que después de este tiempo en Egipto ellos entrarían en la tierra prometida. Esta promesa fue cumplida a través de Moisés. Así el primer éxodo de Israel se hizo realidad.

También es importante entenderlo porque después Dios se referiría a este éxodo para describir el segundo éxodo; confirmando así que habrá dos, uno pasado (el de Egipto) y uno futuro, esto es, después de ser cumplida la profecía del primer éxodo. Al trazar la historia del pueblo judío es importante entender el pacto de Dios con ellos, especialmente el pacto de Deuteronomio 28. Este consta de dos partes: Los versos del 1 al 14 describen las bendiciones derivadas de la obediencia; pero los versos del 15 al 68 describen con gran detalle las consecuencias de la desobediencia. La historia nos declara que, trágicamente, ellos desobedecieron las leyes de Dios. Por lo tanto, los israelitas sufrieron las consecuencias de escoger desobedecer. Específicamente:

> Y serás motivo de horror, y servirás de refrán y de burla a todos los pueblos a los cuales te llevará Jehová.
>
> (Deuteronomio 28.37)

> Y seréis arrancados de sobre la tierra a la cual entráis para tomar posesión de ella. Y Jehová te esparcirá por todos los pueblos, desde un extremo de la tierra hasta el otro.
>
> (Deuteronomio 28.63-64)

El pueblo de Dios le desobedeció muchas veces y trajo sobre sí mismo el incremento de la ira de Dios. Pero aún cuando Él les permitió ser llevados en cautiverio por Nabucodonosor (6to. siglo a.C.) este cautiverio fue temporal y limitado, es decir, solamente en la tierra de Babilonia. Los judíos regresaron a su tierra. El segundo éxodo que veremos después no puede referirse al cautiverio babilónico por dos razones muy sencillas: En primer lugar el pueblo judío no fue esparcido «por toda la tierra». Ellos solamente fueron llevados en cautiverio a Babilonia. En segundo lugar, Babilonia está al este de Israel, y el segundo éxodo proviene de «la tierra del norte». El ex-bloque comunista, ahora Rusia, se encuentra directamente al norte de Israel.

Y vendrán juntamente de la tierra del norte a la tierra que
hice heredar a vuestros padres.

(Jeremías 3.18)

¿Y cómo llegaron los judíos allí?

La historia nos cuenta que antes de que Pilatos entregara a Jesús para que injustamente fuese crucificado por los soldados romanos, el sumo sacerdote y los ancianos del concilio habían
incitado a la multitud hasta el punto de llevarlos a maldecirse a sí
mismos declarando: «Su sangre sea sobre nosotros y sobre nuestros hijos» (Mateo 27.25). En el año 70 a.C. el emperador romano
Tito vino y arrasó a Jerusalén, esparciendo al pueblo judío por
toda la tierra. Dios les estaba desposeyendo de su tierra. Increí-
blemente este pueblo esparcido entre las naciones mantuvo su
identidad por casi dos mil años, experimentando todas las maldiciones de Deuteronomio 28, hasta el momento en que Dios decidió devolverles la tierra a su pueblo escogido y regresarlos a ella.
El estado de Israel renació en 1948, hecho que en sí mismo, es un
milagro. Este estado ha sobrevivido guerra tras guerra y el proceso de inmigración a el continúa hasta el día de hoy.

Desafortunada y equivocadamente muchos cristianos creen
que, cuando Dios rechazó a su pueblo por un tiempo, Él los abandonó para siempre y, por lo tanto, las promesas de su pacto con su
pueblo fueron transferidas a la Iglesia. Y así nació la llamada
«Teología de la Substitución», que enseña el remplazo del pueblo
de Israel por la Iglesia. Aunque ciertamente la Iglesia comparte el
Pacto de Dios y las promesas de Dios, es también absolutamente
cierto que Dios no ha abandonado a Israel, ni lo abandonó antes
ni lo abandonará nunca como su pueblo escogido, aun durante los
tiempos en que les ha impuesto su disciplina.

Jeremías 31 da a Israel la promesa más maravillosa:

Con amor eterno te he amado; por tanto, te prolongué mi
misericordia. Aún te edificaré, y serás edificada.

(Jeremías 31.3-4)

He aquí yo los hago volver de la tierra del norte, y los reuniré de los fines de la tierra.

(Jeremías 31.8)

El que esparció a Israel lo reunirá.

(Jeremías 31.10)

Estas profecías todavía no han sido cumplidas en su totalidad. Para esclarecer esto y no dejar lugar a duda Dios une su fidelidad a la existencia misma de la tierra:

Así ha dicho Jehová, que da el sol para luz del día, las leyes de la luna y de las estrellas para luz de la noche ... Si faltaren estas leyes delante de mí, dice Jehová, también la descendencia de Israel faltará para no ser nación delante de mí eternamente.

(Jeremías 31.35-36)

Y para enfatizar la certeza de ello, Dios continúa diciendo:

Si los cielos arriba se pueden medir, y explorarse abajo los fundamentos de la tierra, también yo desecharé toda la descendencia de Israel por todo lo que hicieron, dice Jehová.

(Jeremías 31.37)

Claramente ni el sol ni la luna han cesado de brillar e igualmente la nación de Israel permanecerá en su presencia para siempre.

Durante todo el lapso de tiempo desde el año 70 a.C hasta el año 1948 d.C. Israel continuó como nación ante los ojos de Dios. Entonces algo pasó. Las Naciones Unidas, por votación, dividieron a Palestina, creando así el Estado de Israel en mayo de 1948.

La nación renació. El pueblo judío volvió a su tierra, con su propia identidad, territorio e idioma. Ciertamente la mano de Dios lo había hecho. Mas la historia no se había detenido, así como tampoco la oposición a los propósitos de Dios en la historia. A pesar de todos los esfuerzos por destruir a esta nueva nación desde su nacimiento, Israel ha prevalecido, y lo ha hecho frente a constantes esfuerzos por destruirla. Dios no ha terminado con su pueblo. Lo maravilloso es que Él tiene planes para Israel y se mantiene vigilante sobre su pueblo escogido. Él los traerá de nuevo a su tierra y cumplirá a plenitud cada promesa que les ha hecho.

Habrá un segundo éxodo. En medio de la opresión ellos regresarán a su patria. Y este éxodo será mucho más significativo que el éxodo de Egipto.

> No obstante, he aquí vienen días, dice Jehová, en que no se dirá más: Vive Jehová, que hizo subir a los hijos de Israel de tierra de Egipto; sino: Vive Jehová, que hizo subir a los hijos de Israel de la tierra del norte, y de todas las tierras adonde los había arrojado; y los volveré a su tierra, la cual *di a sus padres*.
>
> (Jeremías 16.14-16)

Primero, los judíos regresarán a través del apoyo que los «pescadores». Después, la persecución que experimentarán los traerá a su tierra. Ellos serán «cazados» (véase Jeremías 16.16). Debemos esperar ver un resurgimiento del anti-semitismo. En este momento Dios está «de pesca». Este libro nos cuenta una parte de lo que Dios está haciendo y como Él está usando al Fondo de Emergencia Ebenezer para cumplir su propósito. Estamos siendo testigos, viendo como se cumple la historia ante nuestros ojos. El tiempo ha llegado para que la Iglesia sea retada a actuar. Este es el momento de amar al pueblo escogido de Dios, y participar en el cumplimiento de la profecía de su plan para devolverlos a su tierra.

Capítulo 1

Yo soy Dios, nada hay semejante a mí, que
anuncio lo porvenir desde el principio,
y desde la antigüedad lo que aún
no era hecho
(Isaías 46.9-10).

Mi primer «alerta» a estos extraños hechos la recibí en un cuarto de hotel en el norte de Inglaterra. Era la hora de la cena y decidí ocupar el único asiento vacío que quedaba en el comedor. El caballero sentado frente a mí, me enteré mientas esperábamos a ser servidos, era médico y cristiano creyente.

—Acabo de venir de Israel —me dijo.

Mis oídos se abrieron. Durante la primavera de ese año 1982, mi esposa Elsa y yo habíamos terminado un período de diez semanas de estudio en el bellísimo Centro Cristiano de Bradenton, en la Florida. Allí nuestros ojos se habían abierto a las promesas de Dios para el pueblo judío e inexplicablemente sentía en mi interior que debíamos ir a Israel. Precisamente para buscar la dirección del señor en este sentido, había tomado unos días a solas en este hotel.

—Estaba en la Fiesta de Tabernáculos en Jerusalén —continuó el doctor— cuando escuché a un hombre llamado Steve Lightle hablarnos de la muy extraordinaria visión que Dios le dio acerca del próximo éxodo del pueblo judío de la Unión Soviética.

¡Casi brinqué allí mismo! El doctor se sorprendió al ver mi emoción. Pero ¡yo acababa de leer en los libros proféticos exactamente lo mismo que él me relataba!

No tendría paz en mi interior hasta que volviera a Israel y encontrara a Steve Lightle. «Señor», pedí, «si este hombre está aún en Israel, permíteme encontrarlo. Quiero saber más acerca de su visión».

Dos semanas después, Elsa y yo tomamos el avión directo al Aeropuerto Ben Gurión y un taxi nos llevó a un hotel en Jerusalén. Al día siguiente, muy temprano en la mañana, salimos a caminar por la ciudad y me preguntaba cómo encontrar a Steve. Aunque nunca había tenido un encuentro personal con él, yo sabía que Steve había dirigido el ministerio europeo de Hermandad Internacional de Hombres de Negocios del Evangelio Completo. Además lo había escuchado una vez en que hablaba ante ocho mil expectadores en una convención efectuada en Nueva Orleans (EE.UU.). Por su distintiva nariz y su cabello rizado y gris se sabía que era judío.

Para asombro mío, en ese momento vi a un hombre que caminaba en dirección contraria a la nuestra por la acera de enfrente... ¡Se parecía a Steve!

—¡Steve, Steve! —grité su nombre en medio del tráfico.

Se volvió a nosotros, y al no reconocernos, continuó su camino.

—No, Steve. Sé que no nos conoces, pero nosotros sí te conocemos. Tenemos que hablar.

Cruzamos la calle apresuradamente y lo alcanzamos. ¡Era la primera persona que conocíamos en Israel!

—Queremos oír más de tu visión —le dije, y accedió a cenar con nosotros al día siguiente.

Aquella noche resultó impactante para nuestras vidas. Nos olvidamos de comer, mientras Steve nos relataba su experiencia durante un ayuno de seis días en 1974. Nos contaba como la poderosa presencia del Señor había inundado el cuarto donde el ayunaba.

—Su presencia era tan poderosa —nos decía— que no podía levantarme del suelo... El último día de mi ayuno logré sentarme en un amplio butacón. Así sentado, delante de mí, vi una pantalla enorme... llena de rostros de judíos. ¡Eran muchísimos! Cientos de miles de ellos. En la pantalla vi como se unían y caminaban juntos de un lado al otro. Veía sus rostros tan claramente como veo los de ustedes del otro lado de la mesa. Con claridad vi la nación donde estaban, y era la Unión Soviética. Podía ver las fronteras de aquella tierra. Lo veía desde donde estaba sentado. Nunca antes había tenido una experiencia similar.

—Se juntaron en un lugar y allí apareció una enorme carretera que Dios había construido. Ninguno podía entrar a la carretera a menos que Dios mismo se lo permitiera, y todos eran judíos. Entraban en aquella carretera expresamente construida para ello y comenzaban a caminar y a acercarse. Al mismo tiempo, yo veía cómo Dios levantaba hombres con ministerios tan grandes o aún más grandes que el de Moisés. Aquellos hombres iban a las autoridades de la Unión Soviética y proclamaban: «Así ha dicho el Señor Dios de Israel: "¡Deja ir a mi Pueblo!"».

—Pero las autoridades no querían permitirlo. Sus corazones se endurecían y no aceptaban dejar salir a los judíos. Entonces las profecías comenzaron a cumplirse, y plagas y juicios cayeron sobre la Unión Soviética hasta que la nación entera cayó de rodillas. Yo veía cómo los rusos arrojaban a los judíos sobre la autopista. Dios mismo la había construido, y aquellos judíos, cientos de miles de ellos, comenzaron a salir por ella.

La historia parecía increíble, pero Elsa y yo ya habíamos comenzado a vislumbrar una confirmación en las Escrituras. Sabía que necesitaba aprender más y decidí permanecer en Israel varias semanas, mientras que Elsa regresaba a Inglaterra para estar con nuestros hijos. Steve y Judy, su esposa, gentilmente me invitaron a alojarme con ellos en su hogar en Ein Kerem, el lugar donde naciera Juan el Bautista.

Steve estaba lleno de alegría, con una risa contagiosa rebosante del gozo del Señor. Nos sentábamos alrededor de la mesa de la cocina, y en vez de leer periódicos, leíamos la Palabra de Dios en voz alta para toda la familia. Fue un tiempo precioso para mí, un tiempo de aprendizaje y crecimiento en la Palabra.

Encontré que la final recogida del pueblo judío la predijeron los principales profetas y puede verse en más de cien pasajes de la Biblia (véase el apéndice 3), con énfasis especial en su regreso de «la tierra del norte» (véanse Jeremías 3.18; 16.15; 23.8; 31.8 y Zacarías 2.6).

Vi como Dios declaraba en Isaías 49.22 que los gentiles llevarían en hombros a los hijos e hijas de los judíos de regreso a la patria, a la tierra que Él les había entregado. Allí sentado, de pronto recibí la revelación: *tú debes tener parte en ello, Gustav*. Aquello me electrizó.

Steve muy pocas veces había comentado con otros su visión durante los nueve años anteriores. Esperaba siempre la dirección del Señor para hacerlo; sin ella no daba un paso. Pero ahora sentía que el tiempo de proclamarla abiertamente había llegado y al observarlo me di cuenta que había recibido un mensaje para la Iglesia.

—Un día conocí a David Pawson —me dijo—. David es un pastor y maestro de la Biblia muy conocido en Inglaterra. David me miró y me dijo: «Tienes un llamado de Dios sobre tu vida. Tú tienes una tarea profética que cumplir y, Steve, ¡tienes que obedecer a Dios!»

Steve continuó diciéndome:

—Cuando oí esas palabras sentí en el Espíritu como si alguien me hubiera agarrado y estuviera sacudiéndome. Así de extraordinaria fue la experiencia.

Invité a Steve a venir a Bournemouth, el pueblo costeño a dos horas de Londres donde Elsa y yo vivíamos y donde yo tenía mi negocio. Al mirar mi agenda ya en Inglaterra, solo había un día libre de compromisos: el 12 de mayo de 1983, día de la Ascensión. «Señor», dije «pienso que debemos tener una reunión pública». De alguna manera sentía que aquella reunión debía celebrarse en los salones del Ayuntamiento, uno de los lugares públicos más grandes del pueblo, con capacidad para mil personas.

Pedí a mi secretaria, Beverley, que viera si el salón estaba desocupado ese día. «Si lo está será señal de que esto es del Señor».

Beverley regresó en corto tiempo. «El lugar está disponible. Lo podemos alquilar».

Lo reservamos provisionalmente. Pero entonces las dudas me asaltaron. Los cristianos en nuestra región conocen muy poco de Israel. Nunca se había visto que se llenara un local para oír acerca del regreso de los judíos a su tierra. «Señor, ¿qué estoy haciendo?», pensé. «Necesitaremos mil personas allí. Haré el ridículo si traigo a Steve para dar una conferencia en un salón vacío».

«Señor» dije de nuevo, «si esta es tu voluntad, que alguien me llame por teléfono con un pasaje de las Escrituras como confirmación».

Había acordado con las autoridades que me reservaran el lugar por dos semanas sin pagar nada de anticipo. Cada día esperaba que algo sucediera pero nada pasaba. La noche del domingo antes de que expirara el plazo, me senté en mi estudio hasta medianoche. Pensaba que el teléfono debía sonar. Estaba muy seguro de que tendríamos confirmación.

Pero el teléfono no sonó. A medianoche le dije a Elsa: «Lo primero que haré mañana será cancelar lo del salón. Nos reuniremos en la iglesia y tendremos una pequeña reunión con Steve».

Muy temprano en la mañana, al levantarme, sonó el teléfono. La que llamaba era una mujer a quien conocía poco, pero a quién consideraba una mujer de Dios. Me dijo: «Gustav, tengo un mensaje del Señor para ti. He estado orando acerca de lo del salón del Ayuntamiento. ¿Quieres leer Romanos 10.15?»

Busqué el pasaje:

¿Y cómo predicarán si no fueren enviados? Como está escrito: ¡Cuán hermosos son los pies de los que anuncian la paz, de los que anuncian buenas nuevas!

Fue una enorme sorpresa. Me dejó maravillado y en paz. Con gozo hice la confirmación para el salón del Ayuntamiento esa mañana y comencé a anunciar la reunión en las iglesias. La noche antes de la reunión, cuando regresé a casa de la oficina, Elsa me esperaba en la puerta. «Acabamos de recibir una llamada de Suiza». Nuestro hijo mayor, Martín, y su encantadora esposa Debra, vivían allá. Al mirar el rostro de Elsa podía saber que algo había ocurrido.

«Martín perdió el conocimiento en su trabajo», continúo diciendo Elsa, «y lo han llevado de emergencia al hospital para operarlo inmediatamente».

Me quedé sin palabras. Ambos nos sentíamos profundamente turbados, al no saber bien lo que había pasado. Quizás era un ataque al corazón. Nuestro primer impulso fue que alguno de los dos debíamos partir para Suiza inmediatamente. Steve, que ya estaba con nosotros, se sentía menos perturbado. Por supuesto, no era su hijo, pero él estaba seguro de que enfrentábamos un ataque espiritual en contra de la reunión.

Al día siguiente nos citamos con los que nos iban a ayudar en la reunión de la noche. Nos pusimos a orar de rodillas. Después de un tiempo de oración abrí los ojos. A mi alrededor los demás lloraban, algunos de rodillas y otros postrados en el suelo ante el Señor. Fue un tiempo de oración poderoso. Recibimos estas palabras:

«Tu hijo sanará en pocos días y tú encenderás un fuego para el retorno de los judíos que correrá por todo lo ancho y largo de las islas británicas».

Elsa y yo recibimos paz del Señor para quedarnos y mantener los planes de la reunión esa noche. Esa noche nos quedamos asombrados en el Ayuntamiento. ¡Estaba lleno a su máxima capacidad! Algunas personas habían viajado varias horas para asistir a la reunión. El ambiente era electrificante.

«El Señor está con nosotros esta noche», anuncié desde la plataforma del teatro, antes de presentar a Steven. «Esta noche no cambiaría por nada el estar aquí en las manos de Dios, con el pueblo de Dios».

Steve comenzó relatando la visión tal como la escuchamos por primera vez en Jerusalén, pero sorpresivamente se detuvo y exclamó: «Quiero decirles en este momento que si alguno desea retirarse puede hacerlo en este momento. Si no, ustedes serán tan responsables como yo de lo que van a oír».

Pasaron cinco segundos. Se podía oír el caer de un alfiler. Nadie se movió.

«Que yo sepa, esta es la primera vez que este mensaje ha sido proclamado en el Reino Unido. Les digo algo: *Este mensaje atravesará toda la nación*... será dado a cada persona en esta tierra para que nadie, nadie, pueda decir: "Bueno eso que pasó fue un simple accidente histórico". ¡No! Todos sabrán lo que Dios va a hacer.

»Quiero leerles un grupo de pasajes representativos del profeta Jeremías», continuó Steve. Cada persona, al entrar esa noche en el local, había recibido una lista de muchos de los pasajes relativos al regreso del pueblo a Israel. Deuteronomio 30; Isaías 11,35,43; Jeremías 3,16,23,30,31; Ezequiel 36-39; Sofonías 3. «Vamos a entender algo acerca de lo que Dios quiere hacer en "los últimos días". ¿Por qué es esta reunión tan profética? ¿Por qué son los judíos de la Unión Soviética tan "proféticos" para Dios en "los últimos días"? ¿Por qué ha comenzado Dios a plantar en los corazones de los creyentes en todo el mundo a este pueblo judío? Y no solamente a los creyentes, sino que cada día me encuentro con más gente judía a quienes Dios ha hablado en sus corazones de lo que Él va a hacer con los judíos de la Unión Soviética.

"Y yo mismo recogeré el remanente de mis ovejas de todas las tierras adonde las eché, y las haré volver a sus moradas; y crecerán y se multiplicarán. Y pondré sobre ellas pastores que las apacienten; y no temerán más, ni serán menoscabadas, dice Jehová. He aquí que vienen días, dice Jehová, en que levantaré a David renuevo justo y reinará como Rey, el cual será dichoso, y hará juicio y justicia en la tierra. En sus días será salvo Judá, e Israel habitará confiado; y este será su nombre con el cual le llamarán: JEHOVÁ, JUSTICIA NUESTRA" (Jeremías 23.3-6).

»¿Qué nos dice el profeta?», continuó Steve. «Nos está diciendo: "Escúchenme". Viene el día en la historia del mundo en que Dios recogerá a su antiguo pueblo judío y lo llevará de regreso desde los cuatro rincones de la tierra. Y *cuando* los haya recogido y devuelto a Israel, les levantaré el Renuevo justo. Y este vendrá, no como oveja llevada al matadero, sino como el Rey de Reyes. Vendrá como el Señor de Señores.

»Y hermanos y hermanas, *esa* es la Segunda Venida de nuestro Señor Jesús; y cuando Él venga, todos los judíos del mundo, de todos los países a los cuales Él los dispersó, ya estarán en Israel. Él no regresará a una tierra vacía, sin su antiguo pueblo. Él vuelve, y esta tierra estará llena con el antiguo pueblo de Dios. La profecía de Zacarías 12.10 será cumplida: "Y mirarán a mí, a quien traspasaron". Y vendrá el llanto, pero les digo, ese llanto será convertido en llanto de gozo. Y todos veremos la explosión que solo puede producir el mismo Espíritu Santo.

»Ahora bien, ¿cómo me atrevo a hacer una declaración tan atrevida? Dios actúa proféticamente. Antes de iniciarse el ministerio de Jesús, vino alguien llamado Juan el Bautista quien salió como voz que clamaba en el desierto: "Preparad el camino del Señor". Él fue la preparación profética que anunció la venida del Mesías. Y cuando Jesús regrese otra vez Él tendrá una preparación profética y esta preparación será el regreso del pueblo Judío, de todas partes del mundo, a su propia tierra de Israel.

»Pero esta preparación comienza en una nación determinada. ¿Cómo lo sabemos? Veamos el versículo 7 de Jeremías 23: "Por tanto..." es una conjunción. Se relaciona con los versos anteriores.

»Por tanto, he aquí que vienen días, dice Jehová, en que no dirán más: Vive Jehová que hizo subir a los hijos de Israel de la tierra de Egipto, sino: Vive Jehová que hizo subir y trajo la descendencia de la casa de Israel de la tierra del norte, y de todas las tierras adonde yo los había echado; y habitarán en su tierra.

»Hay una sola nación al norte de Israel, en nuestros días, con gran número de judíos: la Unión Soviética. Se ha estimado que más de dos millones de judíos viven allí.

»Dios va a dar una oportunidad a las naciones del mundo para que bendigan a su pueblo, cualquiera que sea la nación en la que se encuentren, y esta opotunidad será el ayudarles a regresar a Israel. Eso es lo que estamos haciendo aquí esta noche. Si tu corazón está abierto a escuchar la verdad de Dios, toma estos versos, ve a tu recámara, ora, y pregunta: "Dios, ¿es verdad esto?"»

Después de aquella noche, ninguno de nosotros siguió siendo el mismo. Muchos de los presentes nunca habían oído lo que la Biblia dice acerca del regreso a Israel del pueblo judío. Una mujer lo expresó así: «Mis ojos se abrieron con los pasajes bíblicos que se leyeron ... Debo haberlos visto antes sin entenderlos en lo más mínimo». En nuestras iglesias, Israel simplemente no era un tema que se tocaba. Simplemente estos pasajes bíblicos acerca de Israel eran enseñados como ilustraciones para aplicarlos a nuestras vidas.

El fuego prometido había sido encendido, y cuando Elsa voló a Suiza al día siguiente, encontró a nuestro hijo ya recuperándose de lo que le dijeron había sido el colapso de un pulmón.

Así fue como Steve y yo nos unimos para viajar juntos llevando este mensaje a las iglesias en el Reino Unido. Recuerdo muy bien esos días. «Es hora de que alguien comience a decir a los líderes de la Unión Soviética lo que Dios dice en su Palabra», declaraba Steve dondequiera que íbamos. «O ellos doblan sus rodillas ante Dios, o Dios traerá su juicio sobre ellos». Tras una conferencia de prensa en el Parlamento Finlandés, los servicios mundiales de la BBC trasmitieron el desafío por todas las regiones del orbe. Uno de los principales periódicos soviéticos en forma burlona, tituló la portada de su edición de ese día con estas palabras: «Dios pone de rodillas a Rusia».

Incluso los creyente nos miraban asombrados cuando les decíamos esto en sus reuniones y nos tenían por raros. Parecía imposible creer, en 1983, que el comunismo caería y que los judíos serían libres de su opresión; este era el año culminante de la guerra fría. La Unión Soviética estaba en el cenit de su poderío militar y su influencia mundial, y expandía su imperio a lugares como Afganistán, Nicaragua y Angola. El vigoroso Yuri Andropov, jefe de la KGB por quince años y quien dirigió los ataques y el encarcelamiento de los judíos que deseaban emigrar a Israel, había tomado las riendas del poder cuando Leonid Brezhnev murió, seis meses antes de nuestra reunión en el Ayuntamiento.

Ninguno de nosotros nos dábamos cuenta, pero las ruedas del juicio de Dios sobre Rusia ya se habían comenzado a mover. De 1979 en adelante la cosecha de granos en Rusia había sido tan desastrosa que las autoridades rusas dejaron de dar sus estadísticas. Las lluvias torrenciales habían destruido los plantíos; un calor sofocante había paralizado la estación del crecimiento de las plantas y las severas lluvias regresaron al tiempo de la cosecha, arrasando con el fruto y dejando empapado el resto. El historiador marxista ruso, Roy Medvedev, en un artículo titulado «Por qué los rusos no pueden producir granos», llegó a la conclusión de que «en la agricultura, un 50% depende de Dios».

Lo inimaginable estaba sucediendo: un superpoder industrializado y moderno enfrentaba hambruna total. El gobierno alertó al público para que guardara alimentos. Para evitar que el pueblo muriera de hambre, el liderazgo soviético se vio forzado a emplear la mitad de sus ganancias anuales de divisas en importar comida. Todo esto, al mismo tiempo que, bajo la presidencia de Ronald Reagan, en los EE.UU. se aumentaban dramáticamente los gastos militares. La Unión Soviética, atacada por ambos lados, se acercaba aceleradamente a la bancarrota.

Una mañana, quince meses después de que Andropov tomara posesión del liderazgo ruso, Moscú amaneció con música fúnebre en sus estaciones de radio. Después de horas de especulación el mundo recibió la noticia: Andropov, a pesar de la seguridad dada por el Kremlin acerca de su buena salud, había muerto. Konstantin Chernenko, de 72 años de edad, solo un año menor que el presidente Reagan, le sucedió en el poder.

Trece meses después los programas cómicos de la radio rusa fueron reemplazados por música clásica. La tarde siguiente las asombrosas noticias de la muerte de Chernenko salieron a luz. Brezhnev, Andropov y Chernenko murieron en menos de dos años y medio. ¡Hasta ese entonces el promedio de duración de cada Secretario General de Rusia había sido de veinte años! La muerte de los dos gobernantes cuyos gobiernos habían sido los más cortos en la historia del país abrió el camino para la ascensión meteórica de un hombre poco conocido y mucho más joven llamado Mikhail Gorbachev.

Durante este período Steve y yo, acompañados por los líderes internacionales del movimiento de oración intercesora, Johannes Facius y Kjell Sjoberg, hicimos el llamado a los creyentes cristianos para participar en una conferencia de intercesión por Israel y por la liberación de los judíos soviéticos, la cual se llevo a cabo en Jerusalén. Fue allí en donde se decidió que Steve, Johannes y otros dos intercesores, hicieran un viaje de oración a través de la Unión Soviética en Abril, para preparar así el camino al éxodo que vendría. Fue un acto de absoluta fe. Hasta aquel momento, se permitía salir del país solo a menos de cien judíos al mes. Mas de trescientos sesenta mil de los que se habían atrevido a pedir ese permiso habían sido rechazados, aun cuando el Partido Comunista Ruso declaraba al mundo: «Todos los que querían salir para emigrar ya salieron». Anatoly Sharansky, líder del movimiento judío de emigración llevaba ya siete años en un campo de concentración por lo que los rusos llamaron «traición y agitación contra Rusia».

Los intercesores llegamos un mes después de que Gorbachev tomara poder y viajamos a todos los principales centros judíos de la Unión Soviética. En cada lugar visitábamos las gigantescas estatuas de Lenín, donde orábamos y declarábamos que aquel ídolo caería. Buscamos lugares estratégicos como aeropuertos, puertos de mar, estaciones de trenes, y oramos pidiendo al Señor que los abriera para enviar a los judíos de regreso a Israel. En el puerto ucraniano de Odessa en el Mar Negro, nos esparcíamos por las enormes escalinatas llamadas Potemkin, que unen a la ciudad con el puerto, y orábamos mientras subíamos y descendíamos por ellas. Muchas veces, al subirlas, casi nos tropezábamos con los agentes de la KGB que nos seguían.

Este tipo de batalla espiritual en el terreno no era común en aquel tiempo. De regreso al hotel, ante una taza de café, reíamos al reconocer que nos sentíamos algo tontos por lo que estábamos haciendo. «¿Qué esperábamos recibir o conseguir con lo que hacíamos?», preguntó Johannes, que se sentía un tanto débil en su fe. En su propia iglesia, en su país, muchos habían expresado escepticismo.

La realidad es que, durante los primeros nueve meses como Secretario General, Gorbachev se mostró tan obstinado en contra de los judíos como sus predecesores. En una entrevista de televisión que le hizo la prensa francesa, repitió enfáticamente que «los judíos disfrutan de mayor libertad política y de muchos otros derechos en la Unión Soviética que en ningún otro país» y mantuvo la línea del partido comunista cuando expresó que «solo a aquellos que conocen secretos de estado se les impide salir del país». Cuando se le confrontó con el caso de Anatoly Sharansky, Gorbachev declaró que «él traspasó nuestras leyes y fue sentenciado por ello».

Al final de ese año Steve y Johannes regresaron a la Unión Soviética, esta vez con un grupo de trece intercesores de Francia, Suecia, Finlandia, los Estados Unidos y Alemania. Su misión: proclamar juicio contra el «faraón» que aún no quería dejar salir al pueblo de Dios. Estaban convencidos de que al oponerse al momento que Dios había señalado para el cumplimento de su Palabra, la Unión Soviética había ido de frente contra el Dios Todopoderoso y por lo tanto tenía que ser quebrada. «Sentimos que Dios está poniendo un fin a todo esto», dijo Johannes. El equipo se preparó con tres días de ayuno y oración en Finlandia, y tomaron como tema las palabras de Jeremías 51 acerca del juicio y devastación que venía a aquella tierra.

En el crudo frío de la tarde de un 31 de diciembre proclamaron ante la oficina principal de Gorbachev en Moscú las palabras que el profeta Samuel dijo al rey Saúl: «Puesto que has rechazado la Palabra del Señor, Él te ha rechazado a ti como rey. El Señor te ha arrebatado tu reino en este día!»

Entonces los intercesores cruzaron la Plaza Roja, y caminaron junto a las murallas del Kremlin a la vez que oraban en el Espíritu. Un pastor finlandés apuntó hacia hacia la parte superior de una torre donde una gran estrella roja brillaba contra el cada vez más negro cielo vespertino.

«¿Qué significa eso?», preguntó al grupo.

«Es símbolo del hombre y su poderío», dijo uno de ellos, un sueco que se había especializado en investigaciones sobre el ocultismo y la Nueva Era. El sistema comunista representa la confianza en el hombre como ser supremo. Los soviéticos «adoran» a la ciencia y sus adelantos. Pero Jeremías 17.5 dice: «Maldito el varón que confía en el hombre, y pone carne por su brazo, y su corazón se aparta de Jehová».

Los hombres continuaron orando y caminando. «Presiento que esa estrella va a caer», dijo alguien después de unos minutos. Los demás asintieron con la cabeza. «¡Y pasará muy pronto!»

Esa noche el grupo se reunió en el hotel. «¡Escuchen lo que dice Apocalipsis 8!», exclamó uno abriendo la Biblia. «¡Una estrella cae del cielo! ¡Esto es lo que orábamos hoy!»

A medianoche el grupo fue al río Moscú, junto al Kremlin, y siguiendo las indicaciones a un intercesor de Jeremías 51.59-64, tomaron una Biblia en la que habían marcado los pasajes relacionados con el juicio de Dios y, atando una piedra grande, la lanzaron a la ligera capa de hielo que cubría al río. «Así ha de hundirse la Unión Soviética y no se levantará de la catástrofe que traeré sobre ella» declaró el grupo en el nombre del Señor.

«Todo parece tan absurdo», dijo uno de ellos al regreso, «tan imposible para la mente humana». Mas nosotros sabíamos que Dios estaba en ello.

Cuatro meses después de esto ocurrió algo que mandó olas concéntricas de horror por toda la Unión Soviética y el mundo: la explosión y el fuego incontrolable del reactor nuclear de Chernobyl, en Ukrania. El accidente lanzó más radiación de larga duración a la atmósfera mundial, el subsuelo y el agua que el conjunto de todas las bombas y pruebas explotadas hasta aquella fecha. Los gobiernos locales y regionales del Partido Comunista trataron de encubrir lo que estaba pasando. Mientras enviaban a sus hijos a otros lados, ordenaban que se continuara la famosa marcha anual que se celebra el 1° de Mayo, aun cuando la nube mortal radioactiva cubría la región.

Miles sufrían tremendos dolores de cabeza y tos y escupían sangre. Solo cuando la nube radioactiva comenzó a volcar contaminación en Polonia y los países escandinavos la historia de lo que había pasado empezó a saberse. Cientos de miles de residentes fueron permanentemente evacuados de la región de Chernobyl (demasiado tarde). Muchos ya habían estado expuestos demasiado tiempo a la radiación y morirían durante los siguientes años, como sucedió con un número desconocido de obreros de entre los seiscientos mil que fueron enviados a tratar de limpiar el lugar. Cuando la verdad completa salió a la luz, arrancó de una vez por todas las máscara del liderazgo comunista y esto, más que ningún otro factor, causó que la gente perdiera su confianza en el sistema soviético.

Una de las principales regiones agrícolas que tenía las reservas de agua de la Unión Soviética cayó bajo la contaminación. En un inútil intento de prevenir que el agua del subsuelo se contaminara, excavaron pozos hondos alrededor de Chernobyl y con aviones irrigaron la nube para tratar de limitar su efecto. Kiev, la tercera ciudad en importancia de la Unión Soviética, localizada unos 100 kilómetros al sur de Chernobyl, tuvo que desarrollar un nuevo sistema para suplirse de agua. Por causa de la contaminación de su lago, se impusieron límites para el consumo de pescado de agua dulce en Finlandia y un incremento de radiación fue detectado incluso en lluvia que caía en lugares lejanos como la costa oriental de los Estados Unidos.

Unos cuantos meses después del desastre, un increíble reportaje apareció en la primera plana del periódico *New York Times* el 26 de julio de 1986, reportaje que partió de Moscú.

Un prominente escritor ruso recientemente encontró una Biblia antigua maltratada y con mano experta la abrió en Apocalipsis.

«Fíjense», dijo, «¡Esto es increíble!»

El tercer ángel tocó la trompeta, y cayó del cielo una gran estrella, ardiendo como una antorcha, y cayó sobre la tercera parte de los ríos, y sobre las fuentes de las aguas. Y el nombre de la estrella es Ajenjo. Y la tercera parte de las aguas se convirtió en ajenjo; y muchos hombres murieron a causa de esas aguas, porque se hicieron amargas.

En un diccionario mostró la palabra «ajenjo» en ucraniano, una hierba silvestre amarga que se usa en la Rusia rural: chernobyl. El escritor, un ateo, no estaba solo en su evaluación del pasaje de Apocalipsis y su conexión con la estrella llamada Chernobyl. La noticia de este descubrimiento se esparció con velocidad pasmosa por toda la Unión Soviética.

Solo Dios sabe la conexión entre el pasaje de Apocalipsis y Chernobyl, entre la intercesión de la Iglesia y el desastre ocurrido en la Unión Soviética. Mas de lo significante que fue Chernobyl nadie tiene duda. «Nos desconcertó grandemente», dijo años después el mismo Gorbachev. «Fue un momento decisivo». La *Glasnot* (apertura) sería el resultado, además de la *perestroika* (reestructuración) que trató de enfrentar la crisis económica que atravesaba la Unión Soviética.

Las rejas de hierro que aprisionaban a los judíos comenzaban a sacudirse. Y nos acordamos de las palabras de Steve en el salón del Ayuntamiento: «Nadie, absolutamente nadie podrá decir jamás: "Bueno, fue tan solo un accidente de la historia" ¡No!»

Capítulo 2

Así dijo Jehová, el Señor:
He aquí, yo alzaré mi mano a las naciones,
Y a los pueblos levantaré mi bandera,
Y traerán en brazos a tus hijos,
Y tus hijas serán traídas a hombros
(Isaías 49.22)

Durante los años que siguieron, la Conferencia de Oración Intercesora llegó a ser un evento anual y yo me ocupaba de la parte organizativa. Me encontré a mí mismo, durante este tiempo, preguntándole al Señor en oración: «¿Señor te he servido ya lo suficiente en este trabajo?» Yo sabía que en los principios de su Iglesia Él había promovido a sus diáconos a otros tipos de trabajo en el terreno espiritual. «Solo que no quiero convertirme en un Esteban, Señor».

Nunca olvidaré lo que sucedió un día, cuando desayunaba en un hotel de Jerusalén con Bill Styles, ministro bautista que trabajaba como agente de viajes en Israel. Bill clavó los ojos en mí y dijo: «Tuve un sueño hace dos meses. En este sueño yo estaba parado en una enorme terminal rodeado por mucha gente, vieja y joven, pobremente vestidos, con sus maletas a su lado. Me di cuenta de que eran judíos. Nadie sabía qué hacer. Entonces noté a un hombre vestido de traje. Tenía pelo blanco y llevaba un portafolio. El sabía lo que había que hacer.

»Y el Señor me dijo que yo ayudaría a ese hombre a llevar al pueblo judío a su patria desde los confines de la tierra. Apenas te vi esta mañana te reconocí. Te digo, tú eres el hombre a quien yo vi en mi sueño».

Fue como si el Señor me hubiera golpeado en la cabeza y preguntado: «¿Cuántas veces tendré que decírtelo? ¡Viene el día en que tú ayudarás a los judíos de la tierra del norte a regresar a Israel!»

El esperar a que las cosas ocurran nunca ha sido mi punto fuerte; más yo supe que aquella visión tenía su tiempo para cumplirse. El Señor comenzó a prepararme cuidadosamente, liberándome poco a poco de los negocios que yo había desarrollado a través de los años cuando me trasladé de Suiza a Inglaterra.

Elsa es testigo de que hasta ese momento «estaba casado con mis negocios». Traje a Inglaterra visitantes internacionales y abrí escuelas de idiomas para ellos en Oxford, Cambridge, Londres, Torquay y Bournemouth, así como agencias de viajes, en varias ciudades del Reino Unido inglés. Mis negocios crecieron y con el tiempo abrí oficinas en Suiza, Japón y los Estados Unidos, con representaciones en muchos otros países. Me convertí en el líder del turismo de Inglaterra y recibí el «Premio de la Reina a la Industria» de este país, y me invitaron al Palacio de Buckingham. En secreto soñaba con ser algún día parte de la nobleza.

Todo esto cambió un domingo húmedo y brumoso en el otoño de 1979 cuando Elsa, nuestros cuatro hijos y yo, vestidos «de domingo» nos dirigíamos a la iglesia, un ritual con el que yo había crecido desde mi niñez. Había llegado a aquella iglesia metodista Winton un nuevo pastor, y esa mañana me sorprendí cuando lo vi abrir su púlpito a un grupo de cuatro personas laicas. Ellos, puestos de pie al frente de nuestro antiguo santuario contaron en forma muy sencilla el testimonio de sus propias vidas y cómo Dios les había tocado a ellos.

Fue como si yo estuviera oyendo estas cosas por primera vez. Yo me consideraba un cristiano, y de seguro cada domingo se me encontraba «calentando la misma banca de la iglesia», pero los otros seis días de la semana yo vivía como mejor me parecía. Ahora se me estaba desafiando al decírseme que solo a través del arrepentimiento podría convertirme en «un hijo de Dios».

Cuando terminaron de hablar, invitaron a los que quisieran rendir sus vidas a pasar al frente, cosa que nunca había visto en la iglesia. Era vergonzoso (yo era el tesorero de la iglesia), pero de alguna manera supe que tenía que levantarme del asiento. Caminé por el pasillo, por en medio de la congregación, y me arrodillé ante el altar, al pie de una enorme cruz de madera. Las lágrimas corrían por mis mejillas. Así fue como, a la edad de cincuenta años, me convertí en un seguidor de Jesús.

Estaba demasiado conmovido para hablar cuando regresé a la banca donde Elsa estaba, y sentí como su mano tomaba la mía. Elsa había orado muchos años por este momento.

Solo en mi estudio aquella noche, tomé la Biblia, la cual se abrió en la historia del hijo pródigo, Lucas 15. Una frase resaltaba como si estuviese iluminada.

> Mas era necesario hacer fiesta y regocijarnos, porque este tu hermano era muerto, y ha revivido; se había perdido, y es hallado.

Sentí la certeza de que mi nueva vida traería un gozo y una plenitud que, a pesar de todo el éxito que yo había tenido en el mundo, nunca había experimentado.

Durante los meses que siguieron, el negocio que había sido tan próspero a través de tantos años comenzó a tambalearse. Este fue el período de la crisis mundial petrolera, con altos intereses y gran inflación. Los viajes internacionales casi se paralizaron y me encontré con que quizás habíamos expandido demasiado el negocio. Con gran dolor en el alma tuve que despedir a ochenta de los doscientos veinte trabajadores que tenía en mi empresa. Hablé con cada hombre y mujer de los que despedía, y oré por ellos.

Aun así, la compañía se fue abajo. Días tras día y semana tras semana me sentaba en mi escritorio tratando de calcular cuánto tiempo me quedaba antes de tener que liquidar el negocio. El esfuerzo de toda mi vida se venía completamente abajo y todo terminaría en el abismo. Yo estaba orgulloso de lo que había logrado. Toda mi vida la había gastado en desarrollar mi negocio. Pero no había nada que yo pudiera hacer. Me sentía impotente, como el que lucha contra una pared de ladrillos.

Cuando cumplí los cincuenta y un años hice algo que nunca había hecho. Le pedí al Señor que me diera un mensaje. Elsa y yo estábamos comenzando cada día con una lectura de la Biblia tomada de un devocionario llamado «Daily Watchwords», escrito a raíz del avivamiento del Espíritu Santo en la comunidad Moravia en 1727. Esta comunidad había sido grandemente perseguida y se había refugiado en una aldea llamada Herrnhut, Alemania. Algunos de aquellos hermanos en Cristo tenían la costumbre de ir casa por casa en su comunidad, cada mañana, llevando la «Palabra del Día» como una guía para la meditación. Con el tiempo los pasajes para cada año fueron elegidos al azar y publicados por adelantado. En ese momento. Estábamos leyendo de la edición número doscientos cincuenta.

Aquella mañana la lectura bíblica era parte del pasaje de Lucas, en donde Jesús dice a Marta:

Afanada y turbada estas con muchas cosas. Pero solo una cosa es necesaria.

«Sí, Señor», confesé. «Estoy turbado acerca del negocio, los obreros y las deudas».

Comprendí que debía entregarle mis problemas. Él era más que suficiente para lidiar con ellos. «Señor, dame la oportunidad», le pedí. «Deseo presentarme ante ti, deseo tener esta relación íntima contigo. Pero tienes que ayudarme».

Yo quería estar absolutamente seguro que aquel mensaje era para mí. Quizás aun no estaba totalmente listo. Al anochecer tomé mi diario de oración, y encontré exactamente las mismas palabras asignadas para ese día. ¡Esto me conmovió! Nunca había sucedido algo así en todo el tiempo en que Elsa y yo habíamos usado ambos devocionarios. Comprendí que Dios me había hablado. Me di cuenta de que me estaba probando, así es que, después de un tiempo, llegué a decirle: «Señor, este es tu negocio. Te lo entrego por completo. ¡Puedes hacer con él lo que quieras!»

Me tomó tiempo llegar a esta entrega. Uno puede decirlo, pero hacerlo es a menudo algo muy diferente. Una mañana, estando en un momento de presión financiera severa, me reuní con una inglesa que era nuestro agente en Turquía. Ella me debía una suma muy fuerte de dinero.

—¡Necesito ese dinero! —le dije a la vez que daba golpes en la mesa con el puño para enfatizar las palabras.

—Señor Scheller, no puedo cumplirle —fue su respuesta. La mujer estaba desesperada. De pronto comprendí que tenía que ayudarla. Al terminar nuestra reunión, llevaba en su cartera mil libras esterlinas.

—Me estoy volviendo un poco raro —le dije a Elsa esa noche—. En el momento en que no puedo pagar mis cuentas, ni los salarios, me pongo a regalar dinero.

Al buscar nuestra lectura bíblica de esa noche leímos Deuteronomio 15.10:

> Sin falta le darás, y no serás de mezquino corazón cuando le des; porque por ello te bendecirá Jehová tu Dios en todos tus hechos, y en todo lo que emprendas.

Tuvimos una fiesta de alabanza, sabiendo que había hecho lo que debía hacer.

Con la ayuda financiera de un banco de la ciudad de Bournemouth, había construido un edificio de cuatro pisos, en donde estaban ubicadas nuestras oficinas administrativas así como otro edificio donde teníamos una de las escuelas de idiomas con buenas oficinas administrativas. Yo sabía que si lograba vender una de estas construcciones tendría espacio para respirar de la presión del negocio y podría levantarlo de nuevo. Sin embargo, pronto me di cuenta de que yo no era el único tratando de vender un edificio de oficinas; otras compañías, también en crisis económica, estaban haciendo lo mismo.

Bournemouth es uno de los centros principales en el oeste de Inglaterra donde se coordina el tráfico de autobuses para lo cual el gobierno había construido su propio edificio administrativo. Este edificio se incendió y quedó inservible. De un día para otro les llegó la urgencia de encontrar otro lugar apropiado para continuar su trabajo. Decidieron usar mi edificio y mi negocio se salvó de la bancarrota.

A la vez pareció como si el Señor destapara las posibilidades y el negocio comenzó a fluir de nuevo. No puedo explicar cómo pasó, pero lo cierto es que lo que había parecido ser una situación desesperada en pocas semanas se convirtió en un hermoso cuadro de utilidades. Ese año nuestras ganancias fueron las más grandes desde el comienzo del negocio. Pero ahora el Señor era verdaderamente el dueño del negocio. Me di cuenta de que yo dependía de Él y que no todos los logros eran el resultado de mi esfuerzo.

Unos años después me hicieron una oferta muy favorable por las escuelas de idiomas, y el Señor me recordó que yo le había entregado todos los negocios a Él. Sintiendo la necesidad de ser fiel a mis empleados, hablé con los más antiguos. Ellos, a su vez, me hicieron una oferta, la que acepté con gratitud.

Todavía me quedaba la compañía de viajes, la cual por sí sola y sin la ayuda del equipo de la escuela, comenzó a perder dinero. De nuevo me atenazó la ansiedad. Necesitábamos la dirección del Señor para saber cómo salir de aquello. Yo no veía la posibilidad de venderla en un momento en que estaba perdiendo dinero.

Elsa y yo entramos en un ayuno «tipo profeta Daniel» de tres semanas, en que no comíamos carnes ni dulces, tal como Daniel y sus compañeros lo habían hecho en Babilonia. Nada pasaba. Continuamos con el ayuno, esta vez un ayuno completo, por varios días.

Una mañana encontramos en el buzón una carta de aspecto oficial con un letrero que decía «estrictamente privado». La recogí intrigado, la llevé a la mesa del desayuno y la abrí. La carta venía de un agente que tenía instrucciones de una gran empresa de adquirir una agencia de viajes. Aunque yo no había hecho público mi deseo de venderla, este hombre había analizado el mercado y concluido que nuestra compañía era exactamente lo que querían.

Me reí. ¿A quién se le ocurre comprar una compañía que está perdiendo dinero? «El Señor tiene formas muy particulares de lidiar con nuestros problemas», le dije a Elsa.

Pocas semanas después fui a Londres para entrevistarme con el presidente y director financiero de aquella empresa. Eran personas de mucha importancia, vestidos con trajes elegantes, que formaban parte de una organización multimillonaria. No fue una buena reunión. Sentía que no estábamos hablando el mismo idioma. Pensé que la venta no se llevaría a cabo.

Para sorpresa mía, pocos días después el presidente de la compañía vino a verme a mi oficina de Bournemouth. Sobre mi escritorio había una placa pequeña que decía: «Jesucristo es el Señor». El presidente la miró y me dijo:

—Soy católico. Estudié dos años para el sacerdocio, pero me di cuenta de que no era mi llamado.

Me limité a escucharlo, pero aquello estableció entre nosotros una relación diferente. Una confianza mutua se transpiraba.

—Háganos una oferta, incluyendo detalles de su empleomanía —me dijo antes de retirarse.

Cuidadosamente trabajé sobre la propuesta y la envíe. Pocos días después dos de sus auditores vinieron a inspeccionar mis libros. Mi corazón casi dio un vuelco. Sin duda se darían cuenta de que no era una operación rentable.

No pasó mucho tiempo antes que en una llamada telefónica se me invitara a reunirme con la directiva de la empresa. Allí, el presidente me expresó que quería comprar mi compañía ¡en los términos que yo le había expresado! Nunca olvidaré esa tarde cuando recibí del director financiero la carta de intención de compra. Él se puso de pie y reía y reía. Por fin me dijo:

—Señor Scheller, no tengo ni la menor idea de por qué le estamos comprando su compañía.

Yo también me fui riendo todo el camino hasta Bournemouth. Ya estaba libre para cumplir el llamado que el Señor me había hecho años atrás.

* * *

Entonces llegó el milagro por el cual habíamos orado y trabajado por años. Como parte de las reformas de Gorbachev que sacudían a la Unión Soviética, en diciembre de 1989, las rejas se abrieron y los judíos tuvieron libertad para salir. Cerca de doscientos mil corrieron a Israel en los siguientes trece meses. En la víspera del comienzo de la Conferencia Intercesora en Jerusalén en 1991 se supo en Israel que un número récord de 35.295 inmigrantes habían llegado en ese mes.

Pero otros acontecimientos estaban captando la atención mundial. El dictador de Irak, Saddam Hussein, había invadido a Kuwait, y aceleradamente se venía el encuentro militar con la coalición mundial dirigida por los Estados Unidos. Si era atacado, Hussein había amenazado con «quemar la mitad de Israel», lo cual se interpretó como una revelación de que poseía misiles capaces de llegar a Israel con armas químicas.

El primer día de la conferencia resultó ser el último día de plazo que se le dio a Irak para retirarse de Kuwait. Los gobiernos recomendaban a sus ciudadanos alejarse de aquella región. La mayor parte de las aerolíneas extranjeras cancelaban sus vuelos de ida y regreso a Israel, y casi todos los turistas desistieron de sus viajes al país. Sin embargo, ciento veinte cristianos comprometidos procedentes de veinticuatro naciones llegaron al Hotel Holyland, y tomaron como tema «Ponte en la brecha delante a favor de la tierra».

Aquel grupo había sido seleccionado. Hubo muchas cancelaciones de último minuto, pero su número fue superado por el de los que se sintieron impulsados a unírsenos sin previa reservación. Todos sabían que podía costarles la vida. Algunos habían ido a pesar del consejo de sus familiares y sus gobernantes. Eran verdaderos intercesores que querían estar con aquellos por los que oraban.

Mientras la amenaza de un ataque masivo se cernía sobre nosotros, la primera noche nos reunimos y cantamos un himno antiguo: *Grande es tu fidelidad*. Una fortaleza y una paz muy grande vinieron sobre el grupo y nos sentimos absolutamente seguros en las manos de Dios. Todos sentíamos el privilegio y gran gozo de poder estar en la tierra de Israel en momentos como aquellos.

Elsa y yo apenas nos habíamos quedado dormidos cuando el teléfono sonó en la mesita de noche. El reloj de viaje marcaba las 2:15 a.m. Aun antes de levantar el audífono lo sabía: la guerra había comenzado.

Por un momento me embargó un repentino sentimiento de carga por los iraquíes inocentes que sufrirían mientras Saddam Hussein estaba a buen recaudo. Después, ya completamente despierto, me senté en la cama y comencé a llamar para despertar a los demás. En menos de quince minutos los corredores del hotel se llenaron de personas que conversaban en voz muy baja. El bombardeo de Bagdad por las fuerzas aliadas había comenzado. «¿Cómo respondería Irak?» era la pregunta en los labios de muchos.

Nuestra respuesta llegó a la misma hora la noche siguiente. El sonido desolador de las sirenas me despertaron con su agudo silbido que fue bajando poco a poco. Los satélites americanos habían detectado misiles iraquíes que se dirigían hacia Israel y que tocarían tierra en dos minutos.

Elsa y yo nos habíamos acostado con nuestros trajes protectivos y solamente teníamos que agarrar los cartones que contenían las máscaras de gas y correr al cuarto sellado de nuestro piso, protegido contra el ataque de armas químicas con láminas de plástico sobre las ventanas y aislantes alrededor de la puerta. Otros se nos unieron con rapidez pero sin pánico.

Ya en el cuarto me quite los lentes para ponerme la máscara, y llevé el elástico hasta detrás de mi cabeza. Al echar una mirada a mi alrededor no pude menos que pensar que casi parecíamos más perros que humanos. Allí esperamos las noticias radiales en relación a lo que estaba pasando, tomando con trabajo cada bocanada de aire. No podíamos conversar entre nosotros pero conversamos con el Señor.

Casi dos horas transcurrieron antes de que se escuchara en la radio la voz de una mujer: «Todos los residente de Israel pueden quitarse sus máscaras y salir de los cuartos sellados».

Un espíritu de gozo nos inundó a todos y comenzamos a alabar al Señor. Oímos que misiles con ojivas regulares habían dañado algunas casas en Tel Aviv y Haifa, pero no había habido muertes y nadie resultó severamente herido. Mensajes de ánimo comenzaron a llegarnos de otros creyentes de todo el mundo, quienes estaban siguiendo los acontecimientos en la televisión.

—*Schatz* —le grité a Elsa usando la palabra cariñosa de nuestro idioma suizo—. ¿Puedes oír la sirena?

Ella levantó la cabeza de la almohada y aguzó el oído:

—No, no oigo nada.

Irritado, abrí la ventana y saqué la cabeza. Solo escuche un camión que pasaba.

—Perdóname, *schatz* —reconocí—, me equivoqué.

Este fue un «ejercicio» que repetimos más de una vez durante la semana, intercalado con media docena de ataques reales durante los cuales nos encerrábamos en los cuartos sellados y esperábamos.

Pero aún cuando los ataques con misiles continuaron, yo tenía el sentimiento persistente de estar donde debía estar. No había ansiedad en mí ni en el grupo. Sabíamos que estábamos en las manos de Dios. Fue la mejor conferencia que jamás coordiné. Hubo la calidad de unidad que solo se logra en tiempos de crisis. Nos movimos como un ejército bajo la unción poderosa del Espíritu Santo. Durante los días de la guerra orábamos que Dios preparara el camino y que se cumplieran dos promesas bíblicas: que el evangelio llegara al mundo musulmán y que los hijos de Israel regresaran a su tierra prometida. Muchos piensan que en estos casos la intercesión puede hacerse de rodillas solamente. Pero a medida que avanzaba la conferencia yo tenía la firme sensación de que Dios quería que nosotros también actuáramos: *Ahora puedes comenzar a ayudar a mi pueblo a volver a la patria.*

Yo conocía tanto a Johannes, el líder espiritual de la conferencia, que sabía cuál sería su reacción. «Esto es una locura», pensaría. «Estamos aquí sentados, en cuartos sellados y con máscaras de gas puestas, hablando de traer de regreso a los judíos bajo un ataque aéreo de Saddam Hussein». Johannes y yo generalmente éramos los más prácticos entre los organizadores de la conferencia. Pero yo tenía que decírselo.

Al fin fui donde estaba Johannes.

—Tengo la clara impresión —le dije— de que este es el momento en que Dios quiere que ayudemos a los judíos de «la tierra del norte» (Rusia y el antiguo bloque comunista) a regresar a su tierra.

Para mi asombro, Johannes asintió con la cabeza.

—Sí, sí, Gustav, creo que esto viene del Señor.

¡Ambos estábamos muy sorprendidos! Así es como obra Dios.

Otro ataque de misiles tocó tierra a las 7:00 a.m. de la mañana del sábado, y esa noche yo me paré frente a los ciento veinte presentes y les expresé mi sentir. Para mi mayor asombro, ellos también unánimemente sentían que aquello era un acto soberano de Dios. Se recogió una ofrenda para el éxodo de los judíos soviéticos. Conté la ofrenda con otros dos hombres después de la reunión. Aquel pequeño grupo había ofrendado un total de 30,000 dólares.

Todos nos regocijamos con aquella confirmación de Dios. Él había hablado. Mas si hubiera sabido en ese momento lo que sucedería después, probablemente me hubiera escondido.

Capítulo 3

Quiénes son éstos que vuelan como nubes,
y como palomas a sus ventanas?
(Isaías 60.8)

—No creo que el profeta Isaías hubiera visto nunca un avión —dijo Steve bromeando—. La mejor manera que encontró de describirlo fue como nubes con alas.

A las 4:40 a.m. en una mañana de un jueves cuatro meses después de la Conferencia de Intercesión, estábamos con un grupo pequeño de patrocinadores parados en la pista del aeropuerto Ben Gurión. El cielo apenas comenzaba a iluminarse en el este, cuando las puertas blancas y azules de un avión de la línea aérea El Al se abrieron y los primeros doscientos cincuenta *olim* (nuevos inmigrantes o literalmente «los que suben» a Israel) descendieron sus escaleras para pisar por primera vez la tierra de Israel. Veíamos niños pequeños, algunos apretando contra sí sus muñecos y uno de ellos a su pequeño perro. Había ancianos que apenas podían bajar los escalones. Algunos venían bien vestidos, otros obviamente con mucha pobreza.

Un hombre apoyando sus manos y rodillas en el piso, besó la plataforma. El grupo daba gritos de júbilo y mecían las banderillas de Israel. Había tanta emoción. Algunos *olim* reían, otros cantaban, otros lloraban y espontáneamente se abrazaban. Nos sentimos como Pedro en Pentecostés: «Esto es lo que fue dicho por el profeta».

Fue una experiencia sobrecogedora ver a los primeros que llegaban. Todo lo que habíamos hablado y orado en la década del ochenta lo estaba ocurriendo ante nuestros ojos.

Con la ofrenda que se recogió en la primera conferencia yo había ido a la Agencia Israelita (la organización que hasta aquel momento había organizado la inmigración al país), para ver en qué forma podíamos cubrir los gastos de un avión. En aquel momento no teníamos nada. El único apoyo que poseíamos era la lista de unos cientos de nombres de las Conferencias de Intercesión, más un grupo de sesenta u ochenta creyentes que asistían a las reuniones que teníamos en Bournemouth. Nos reuníamos en un sótano al que Elsa y yo llamábamos Casa Ebenezer, por lo que dijo Samuel según 1 Samuel 7.12: «Hasta aquí nos ayudó Jehová».

Enviamos un material sencillo en que explicábamos lo que sentíamos que debíamos hacer. Lo llamamos Operación Éxodo e instalamos el Fondo de Emergencia Ebenezer para administrarlo. Me asombré por la cantidad de correspondencia que recibí como respuesta, aun de personas de las cuales ni siquiera había oído nunca. Pero estaban entusiasmados con el proyecto. Conocían la Biblia y comprendían que el tiempo del regreso del pueblo escogido de Dios a Israel había llegado. Una familia con tres niños me escribió: «No iremos de vacaciones este año. Es más importante que una familia judía regrese a su tierra». Yo nunca había experimentado esta calidad de ofrenda en toda mi vida. Sentado detrás de mi escritorio comencé a llorar, pensando en la forma en que mis hermanos en Cristo ofrendaban.

Diariamente recibía cartas de cristianos que me hablaban del amor que sentían por el pueblo judío. Me decían: «Estimado Gustav: Muchas gracias porque nos permites enviarte el dinero para estos pasajes de avión». Me quedaba asombrado. Yo leía aquello y pensaba: «Si yo diera dinero a alguien más bien esperaría que ellos me escribieran dándome las gracias».

Muchas de las ofrendas que llegaban venían de personas de escasos recursos económicos. Tres señoras ciegas se unieron en el norte de Inglaterra y juntas pagaron un pasaje de avión. Otra señora inválida de sesenta años de edad me mandaba mensualmente dos libras de su pensión de cuarenta y nueve libras esterlinas. Estas personas tenían que ser grandes administradoras de su dinero. Me recordaron más de una vez la ofrenda de la viuda en Lucas 21.

Llegaron ofrendas de cristianos de casi treinta naciones. No salía de mi asombro ante lo que estaba ocurriendo. Un grupo de cerca de treinta coreanas nos escribieron. No tenían dinero para dar pero estaban orando por nosotros y más adelante nos escribirían de nuevo. La siguiente carta que recibí de ellas contenía un cheque de 7.500 dólares. «Decidimos no solo orar», escribieron, «sino también pedir tiempo extra en nuestros trabajos y cada centavo adicional que ganamos en treinta días se los enviamos para ayudar al pueblo judío a regresar "a casa"».

Una pareja americana había comenzado un ministerio en México, que ya contaba con veintidós congregaciones. Ellos se levantaron en apoyo a Israel y Dios bendijo su ministerio.

—Cuando hablé con los más pobres de mis congregaciones acerca del retorno de los judíos a Israel, gente que vive en los lugares mas humildes, decidieron comprar también un boleto de vuelo —me dijo el pastor—. Para ellos aun un dólar es una fortuna. Pero juntos consiguieron el dinero para pagar el pasaje.

La otra cosa que me tenía emocionado era la actitud dadivosa de los judíos mismos. El mismo día en que llegó nuestro vuelo, el gobierno israelita despachó una operación de rescate de más de catorce mil judíos negros de Etiopía, al saber de las crueles guerras en este país entre el gobierno etíope y los rebeldes. Cuarenta vuelos se realizaron a aquel país durante un esfuerzo masivo de rescate llamado Operación Salomón. ¡Cinco bebitos nacieron en los aviones de rescate!

Elsa y yo visitamos el Hotel Diplomático en Jerusalén, que el gobierno había destinado para alojar temporalmente a mil doscientos etíopes que llegaron. Habían llegado apenas con la ropa que tenían puesta, y las mujeres vestían sus mantos típicos. Cuando la noticia se supo en Jerusalén, sus habitantes llenaron de inmediato sus autos con ropa, comida, medicina y juguetes para llevárselos. Mis ojos se llenaban de lágrimas al verlos recibir a sus hermanos negros con tal afecto. Después de seis horas hasta la policía tuvo que cerrar las vías que conducían al hotel porque ya no había espacio para recibir todo lo que se donaba. Romanos

11.11 nos dice que debiéramos provocar a celos a los judíos. A menudo ellos me han provocado a celos a mí.

Fuimos después a Budapest para ver el campamento de la Agencia Israelita para los judíos en tránsito hacia Israel, del cual habían salido los *olim* que llegaron en el vuelo que habíamos pagado. El gobierno ruso no permitía vuelos directos de Rusia a Israel, por lo que todos los emigrantes tenían que pasar primero por Europa Oriental a través de ciudades como Budapest, Bucarest o Varsovia. «Hace tres días teníamos una joven que estaba muriendo de cáncer», nos dijo el director del campamento. «Solo le quedaban unos días de vida. Después de deliberar, decidimos que debía morir en su verdadera patria». La agencia se buscó un doctor y una enfermera y la mandaron a Israel.

Temprano al día siguiente fuimos con el equipo de la Agencia Israelí *Sta* a la estación central de Budapest. Mientras íbamos en el auto, uno de ellos nos señaló el río Danubio, que se veía por la ventanilla.

—Durante el Holocausto —nos dijo suavemente— varios miembros de mi familia fueron arrojados a este río y murieron ahogados.

Ya en la estación nos enteramos de que a los judíos los apretujaban como animales en los vagones para ganado de los trenes y los enviaban a morir en el campo de concentración de Auschwitz. Ahora aquellos trenes arribaban con los *olim* de la Unión Soviética.

Entramos a la estación y pasamos junto a un joven que, de rodillas, rebuscaba algo en un maletín y mi acompañante me tocó con el codo. Inmediatamente me di cuenta de que el joven era miembro de la Seguridad Israelita. Al caminar por la estación, gradualmente comencé a notar que había como media docena de hombres en diferentes lugares. Uno «leía» un periódico, pero en realidad lo que hacía era vigilar todos los movimientos de los que estaban en la estación. Ese día llegaban tres trenes a diferentes horas, y los trenes rusos no trabajan en «horario suizo». A menudo estos hombres tenían que esperar horas interminables. Nos impresionó profundamente la dedicación y el espíritu de sacrificio del equipo israelita.

Continuamos cubriendo los gastos de un segundo y un tercer vuelo desde Budapest a Israel a través de la Agencia Israelí *Sta*, con un total de setecientos veinte *olim*. Pero cuando en mayo llegó el tercer vuelo, ya había estado recibiendo cartas de varios creyentes que me recordaban que la increíble visión de Isaías acerca del retorno de los judíos por aire continuaba con las siguientes palabras:

> Y las naves de Tarsis desde el principio, para traer tus hijos de lejos, su plata y su oro con ellos (Isaías 60.9)

«Gustav, ¿por qué no un barco?», me escribieron.

Yo no quería que hablaran de un barco. No sabía nada de barcos. Es mucho más fácil escribir de barcos que usarlos. Yo dije: «¡Señor, si esto es de ti, tengo que saberlo directamente de ti mismo!» A principios de junio de 1991 conversaba con un compañero de oración en mi oficina y le repetía todas mis excusas.

—Mira —le dije—, esto es una misión imposible. Necesitaríamos permisos de los israelitas, los rusos y de las autoridades de puerto de ambos. Tendríamos que establecer un campamento de tránsito donde durmieran y comieran cientos de personas en lugares donde es difícil alimentar a una sola familia. Necesitaríamos agentes de seguridad, un barco de pasajeros muy grande y toda una fortuna.

Luego añadí, mostrándole a mi amigo un plato de cobre que colgaba en la pared de mi oficina desde hacía muchos años:

—Pero sirvo a un Dios muy grande. Mira lo que dice este versículo: «Todas las cosas son posibles para Dios» (Marcos 10.27). Al decir estas palabras de pronto vi por primera vez que encima de ellas estaba la figura de un barco. De alguna manera nunca me había percatado de ello.

Para mi fue como si el Señor mismo hubiera puesto su mano sobre mi cabeza y dicho: «¡Para mi sí es posible un barco!» Me puse a llorar. Todas mis dudas desaparecieron.

Casi inmediatamente salí para Jerusalén, lleno de gozo. A través de los años había aprendido que «cuando el Señor habla, yo corro». Si espero, vienen las dudas. Él quiere que confiemos en Él, aunque pensemos que lo que Él ha dicho es completamente loco. Sus caminos son muchos más altos que los nuestros.

Fui solo al enorme edificio de piedra donde residen las oficinas de la Agencia Israelita. Tenía la esperanza de que cooperaran con nosotros de alguna manera, quizás permitiendo a algunos de los que ellos ya habían contactado que viajaran en nuestro barco. Subí las escaleras hasta el segundo piso de las oficinas ejecutivas, caminé por el pasillo, pase por las fotos de los grandes hombres del Sionismo de este siglo, y llegué a la oficina en donde me esperaban dos de los principales ejecutivos. Les di las gracias por la cooperación excelente que nos habían prestado para nuestros vuelos.

—Ha llegado el momento de dar un paso más allá —dije, tomando una Biblia—. Esta es la Biblia *de ustedes*, la Palabra del Dios vivo. Y el profeta Isaías dice aquí que su pueblo volvería a su país por aire y por mar. Quisiéramos trabajar con ustedes en abrir una ruta marítima a Israel.

Los dos se miraron y sonrieron. Todavía su actitud era amable. Ya habíamos pagado por tres vuelos y había la posibilidad de que pagásemos por más, pero ciertamente se notaba que su interés no era el mismo en relación al barco.

Me dieron un consejo tratando de disminuir mi entusiasmo.

—Otros han tratado y fallado. No ha habido una ruta directa desde la Unión Soviética (ni por aire ni por mar) desde que nació nuestra nación.

Nos dimos la mano y caminé de regreso por el pasillo, bajé las escaleras y salí a la calle, donde el sol fuerte del verano me recibió.

«Piensan que es una idea loca», me dije, «que desaparecerá cuando yo vuelva a mis cabales».

Le conté esta reacción a Elsa.

—Están contentos de aceptar nuestra ayuda financiera, pero no contaban con nuestro deseo de tomar cartas en el asunto.

—Son personas muy fuertes, muy autosuficientes —comentó Elsa—. Debe parecerles hasta divertido que unos «don nadie» extranjeros como nosotros vengan a decirles cómo trasladar a los judíos a su tierra.

En ningún lugar era bien recibido. No había nadie que quisiera unirse a nosotros. Me cerraron las puertas en la cara en uno y otro lugar. Aun entre los cristianos de Jerusalén no encontré, al principio, gran entusiasmo para este proyecto. Me sentía un poco consternado. Quizás me había hecho la ilusión de que ellos se pondrían de pie para recibirme.

El Señor me aisló del resto del mundo por tres días en mi apartamento de Jerusalén. Allí estuve orando, ayunando, buscando su rostro. Me sentía tan mal. Por un lado «llevaba en mi vientre» un barco. No me cabía duda. Pero no veía ninguna manera de dar a luz, y contrario a la experiencia de los que dicen que el ayuno los hace sentir bien, a mí me da dolor de cabeza. Estaba postrado en el suelo delante del Señor. Fue un tiempo en el cual el fuego refinador del Espíritu Santo estaba obrando en mi propia vida y rara vez antes me había sentido tan inepto para una obra como me sentí en aquellos días. Más que nunca podía identificarme con el profeta Jonás cuando quiso huir de lo que Dios le había mandado hacer.

Estaba completamente postrado en el suelo cuando entró en el cuarto Ted Walker, un hermano de un corazón puro que siempre me ha animado.

—No sé a dónde más ni a quién más pueda ir —le dije.

Ambos comenzamos a clamar al Señor. Era una oración de desesperación, un tiempo en el que todas mis buenas ideas tenían que morir. Todas las puertas se habían cerrado. La batalla parecía perdida. «Señor», dije, «esta es tu obra, no la mía».

Es en momentos como estos en los que Dios nos toma de la mano y nos dice: «Ahora, hijo, te enseñaré mi camino». Él lo hace de tal manera que recibimos la certeza de que proviene del Espíritu Santo y no de nuestra carne.

El teléfono sonó en el apartamento. Era una llamada de un compasivo funcionario de la Agencia Israelita. «¿Podría encontrarse con un hombre llamado David en el Hotel Hilton de Zurich en dos días?» No me dijo otra cosa, ni siquiera el apellido del hombre. Me hablaba en forma tan secreta que pensé que la persona con quien debía encontrarme sería un hombre de la *Mossad*. Sentí que aquel no era un momento de hacer preguntas, sino actuar.

Volé a Zurich, como había convenido, para encontrarme con el hombre en el lobby del Hotel Hilton. Entré antes de la hora convenida. Allí había varias personas que iban de un lado para otro, pero mis ojos se sintieron atraídos hacia un hombre sentado en la esquina trasera del salón e instantáneamente supe que era mi contacto. Resultó ser israelita, comerciante, quien quería encontrar un barco para importar y exportar con la Unión Soviética.

Por un prolongado tiempo hablamos de trabajar juntos, de manera que David perdió su vuelo para ir a Génova. Otro israelita que apareció, también hombre de negocios, lo llevó a aquella ciudad en su avión privado. Sin embargo, David se vio forzado a regresar a Zurich al día siguiente para tomar un vuelo a Tel Aviv. Se quedó asombrado de encontrarse sentado detrás de mí en el avión.

—Hay algo que está pasando en esto que no es natural —exclamó, y reanudamos nuestra conversación.

David representaba a un consorcio de negocios muy poderoso, y ya de regreso a Israel de pronto todas las puertas se me abrieron de par en par en todos los niveles. Las conversaciones comenzaron con las compañías de transporte marítimo y las autoridades del puerto. Ganamos un fuerte apoyo de parte del Kneset (el parlamento israelita) comenzando con Michael Kleiner, director del comité para el *Aliyha*, quien me aseguró:

—Yo te serviré de sombrilla ... Yo mismo vine a Israel en barco en 1951.

En una ocasión nos escribió que estaba «profundamente conmovido por la generosidad de las ofrendas de los cristianos alrededor del mundo». Para ayudar en las negociaciones con el gobierno de la Unión Soviética, ganamos también la cooperación de la oficina de enlace del primer ministro, quien había mantenido contacto con los judíos soviéticos durante los años en que esto estaba oficialmente prohibido.

—Tenemos la visión de llevar a veinticinco mil judíos a su tierra —me atreví a decirle a los oficiales gubernamentales. Yo estimaba que esto requeriría entre diez y doce millones de dólares. Todo el oro y la plata pertenecen a mi Padre, y mi fe iba creciendo en cuanto a que Él se ocuparía de que todos los fondos llegaran a tiempo.

Desde el principio tuvimos en mente el puerto de Odessa por ser el mejor situado de la Unión Soviética. Este puerto permitiría una vía marítima directa sin tener que cruzar fronteras internacionales. En su visión Steve había visto a los judíos cruzando a Europa y tomando los barcos en Holanda, y algunos creyentes en estos lugares ya habían hecho preparativos para cuando llegara el momento. Steve y yo sentimos que esta ruta podría usarse en un posterior y mayor éxodo; pero con los vuelos y ahora con el barco, yo estaba siendo obediente a lo que el Señor me estaba mostrando.

El momento había llegado de ir al puerto griego de El Pireo, de donde zarpa gran parte del transporte marítimo del mediterráneo oriental, y buscar el barco. Aprendimos mucho con esta experiencia. Fueron momentos de ayunar por la tarde y pasar la noche en quietud ante el Señor, buscando de veras el rostro de Dios para saber qué hacer. Estuve a punto de firmar un contrato con un barco de carga griego recién renovado que en muchas cosas era adecuado para nuestros propósitos, aunque las cabinas eran más pequeñas de lo que me hubiera gustado y tenían que usar servicios sanitarios comunes.

«Reconozco que aún no hemos encontrado el barco adecuado», dije en un casete enviado a nuestros patrocinadores. «Yo tenía la esperanza de recibir confirmación en mi espíritu acerca del barco». Sentía la urgencia de avanzar, usar los permisos que habíamos obtenido y ganar experiencia antes de firmar un contrato a largo plazo. En el último minuto, sin embargo, los dueños del barco mandaron un télex a Inglaterra para retirar su oferta, sin explicación alguna. Me encontré nuevamente en un punto cero, pero sentí paz. Sentí que el Señor había intervenido y que había un barco mejor. Me estaba entrenando en cuanto a esperar su momento perfecto.

Regresé a El Pireo, e inspeccioné barco tras barco. Todavía recuerdo la ida al llamado *Mediterranean Sky*. Era un barco enorme y la única manera de subir era por una escalera de cuerda que colgaba a un lado. Me agarré fuertemente de la escalera mientras esta se movía de un lado al otro sobre las tumultuosas aguas diez metros debajo, y finalmente logré poner una pierna sobre la borda y encaramarme sobre el riel que lo rodeaba. Superaba en belleza a todos los que había visto, y tenía capacidad para novecientos pasajeros, además de una tripulación de ciento veinte personas. Era mucho más grande, mejor y más caro de lo que había concebido. Rex Worth, ingeniero jefe del barco de Operación Movilización, quien me acompañaba en este viaje se emocionó.

—Este es el barco —exclamó.

Pero yo dije: «Señor, tengo que oírlo de ti». Aprecio mucho el consejo de otro y lo agradezco. Pero para hacer una decisión tan crítica necesitaba oírlo del Señor mismo. En verdad, yo estaba sorprendido y en estado de conmoción al ver un barco tan grande. Pedí al Señor que me diera una señal. Ese mismo día, de vuelta a la oficina de la compañía marítima, Dios me recordó lo que dice La Biblia al Día en Isaías 60.9:

> He reservado los navíos de muchos países, los mejores de ellos, para traer a los hijos de Israel de regreso de lejanas tierras, y sus riquezas con ellos.

Y de repente supe lo que el Señor me estaba diciendo: «Lo mejor». Tuve paz. Llegamos a un acuerdo de palabra y fletamos el barco para tres viajes de prueba.

Regresé a Jerusalén para tratar de cerrar el acuerdo acerca de este barco con el consorcio de la empresa de negocios. Los israelitas son buenos burócratas. Me senté con ellos en reuniones interminables. Algunas duraron de seis a ocho horas. Sus abogados eran expertos en traer a la luz todo lo que podía salir mal. Se las arreglan para sacar de un problema media docena de problemas. Como siempre, Steve le sacaba humor a todo: «Para este éxodo necesitaremos que se abra el Mar Rojo».

A fines de noviembre llegamos por fin a un acuerdo. Yo estaba exhausto. ¡Qué batalla! Los términos no eran tan buenos como hubiera deseado, pero yo creía tener la aprobación del Señor. Acordamos reunirnos después del fin de semana para firmar contratos.

Cuando llegué a la reunión, tres de los cuatro miembros del consorcio estaban debatiendo la decisión.

—Gustav, necesitamos posponer la decisión —me dijeron—. Quisiéramos que la pospusieras unos meses.

Tenía dudas en mi espíritu acerca de esperar. Sentía que debíamos seguir adelante. Les dije que necesitaba cuarenta y ocho horas. Deseaba buscar la respuesta del Señor. Realicé media docena de llamadas alrededor del mundo a intercesores confiables que se habían identificado con nosotros y les dije: «Esta es la situación, ¿debemos navegar o posponer?»

Llamé a muchos y nadie me devolvía la llamada. ¡Nadie! Esperé todo el día una respuesta. Me sentía bajo una intensa presión. A las diez de la noche, de nuevo, llegó Ted para animarme. Mientras le explicaba el problema, el teléfono comenzó a sonar y en menos de una hora, desde todas partes del mundo, uno tras otro me dijo: «Gustav ahora es el momento. ¡Aleluya!»

Con reservas, los miembros del consorcio aceptaron y yo regresé a El Pireo para firmar el alquiler del barco. Estando allí llegó la llamada del abogado de Jerusalén.

—Gustav no puedes firmar —me dijo enfáticamente—. Las cosas no están listas. El consorcio no puede prestar sus servicios. Todo el asunto está cancelado o pospuesto por tiempo indefinido.

Tuve que empacar mi maleta y regresar a Inglaterra. Me sentía destruido.

Al llegar a mi oficina en Bournemouth sonó el teléfono y un hombre que nos estaba ayudando a reunir a los judíos en Odessa me dijo con desesperación:

—Gustav, tenemos quinientos registrados para el viaje. Ya han llegado algunos, ¡han dejado sus casas, sus trabajos! ¡Tienes que zarpar con el barco!

Que situación tan tremenda.

Busqué escuchar la voz del Señor, y me llegó una clara convicción: «Sí, ve ahora». Ya sabía que el Señor quería que siguiéramos adelante.

Regresé a Jerusalén. Para sorpresa mía, los miembros del consorcio todavía estaban dispuestos a trabajar con nosotros y nos pusimos de acuerdo con un nuevo contrato. Había llegado el momento de cerrar el trato con el dueño del *Mediterranean Sky*. Llamé a Steve.

—Steve, esto es demasiado grande. ¡Necesito tu ayuda!

Le agradecí mucho que estuviera dispuesto a ir a El Pireo y firmar conmigo el contrato.

Así llegamos a la lujosa y enorme oficina del dueño del barco, llena de pinturas y modelos de buques de mar abierto. Era fácil ver que estábamos en la oficina de un rico magnate. Steve y yo nos sentamos con él y con el gerente de su compañía a la mesa para cenar y discutir las modificaciones del contrato.

Las negociaciones se hicieron tensas.

—Yo no quiero saber más de esto —gritó el gerente y salió abruptamente de la oficina.

Parecía que todo lo que podía salir mal estaba saliendo mal. Y hay una sola cosa que permanece grabada en mi mente. Yo tenía que firmar un contrato por tres viajes, un compromiso de varios cientos de miles de dólares que Ebenezer no tenía. Yo estaba poniendo como colateral todo lo que poseía personalmente. Sentado allí, mirando el contrato, los números parecían crecer y crecer. Mi fe tambaleaba y yo pensaba: «Señor, ¿qué debo hacer?» Me sentía perplejo.

Steve comenzó a llorar a mi lado. Después me dijo que viendo tantos estorbos en el camino pensaba: «¿Señor, es este el final? ¿Debemos levantarnos de esta mesa y salir de aquí?» Pero no dijo nada. Simplemente no dejaba de llorar.

Sentado allí, una gran paz me envolvió. Yo sabía lo que tenía que hacer.

—Firmaré —dije.

Cuando terminé de firmar Steve brincó de su asiento y gritó:
—¡Aleluya! ¡Aleluya!

—¿Qué pasa ahora? —le pregunté.

—Gustav —me dijo—, ¿no ves todos esos ángeles? Este cuarto está lleno de ángeles y están aplaudiendo porque has firmado este contrato. Ha quedado registrado en los anales del cielo.

Yo no vi ángeles. Pero sentía mucho gozo, mucho alivio en mi espíritu. Puse la mano sobre el contrato y dije:

—Ahora vamos a orar que el Señor guarde, proteja y bendiga esta operación marítima.

El magnate marítimo, con su figura imponente y sus facciones aristocráticas, lo observaba. Estoy seguro de que nunca había experimentado algo similar antes. Tomó la pluma y dibujó la señal de la cruz en la parte superior del contrato. ¡Operación Éxodo había nacido!

Capítulo 4

*¿No eres tú el que secó el mar,
las aguas del gran abismo;
el que transformó en camino las
profundidades del mar para
que pasaran los redimidos?
Ciertamente volverán los redimidos de
Jehová; volverán a Sión cantando,
y gozo perpetuo habrá sobre sus cabezas;
tendrán gozo y alegría,
y el dolor y el gemido huirán*
(Isaías 51.10-11).

Solo quedaban dos semanas entre el día en que se firmó el contrato y la primera de las tres salidas del puerto del *Mediterranean Sky*. Pero antes de que corriéramos a coordinar los preparativos en Odessa, Elsa y yo nos reunimos con algunos de los intercesores que eran parte del cada vez mayor grupo de los que nos apoyaban en oración. Sabíamos que íbamos a enfrentar una batalla, y deseábamos que tomaran conciencia del significado de lo que íbamos a emprender: Abrir la primera Ruta Santa entre la Unión Soviética e Israel.

Años antes el Señor había enviado a un hombre extraordinario para enseñarnos a Elsa y a mí que la Intercesión era fundamental en nuestro llamado a ayudar a regresar a su patria al pueblo israelita.

Nos había llegado una carta de un miembro de la facultad del Bible College de Wales en la que nos invitaban a presentar una conferencia acerca del retorno a Israel del pueblo judío. Yo no tenía el más mínimo deseo de ir. Me sentía sin capacidad para ir a una universidad de la categoría del Bible College de Wales. Esta universidad había sido fundada cincuenta años antes prácticamente de la nada por un minero del carbón llamado Rees Howells que se había entregado por completo al Espíritu Santo y sacudió la Iglesia de ese país con su intercesión.

Busqué una excusa.

—Por favor, escríbeles y diles que no puedo ir en esa fecha —le pedí a mi secretaria Beverley.

Una segunda carta llegó ofreciéndome otra fecha. No podía decidirme. Pero cuando fui al «Día de Israel» patrocinado por el grupo «Oración por Israel» y saludé al fundador de ese ministerio, Ken Burnett, este específicamente me preguntó:

—¿Cuándo va a visitar el Colegio Bíblico de Wales?

Mi visita a aquella universidad fue una de las más grandes bendiciones de mi vida. El pequeño recinto de reuniones de la institución estaba completamente lleno esa noche. Cuando terminé de hablar, el hijo de Rees Howell se me acercó y me dijo:

—Nosotros hemos orado muchos, muchos años por el regreso de los judíos a la Tierra Prometida.

Nuestro cuarto de visitantes esa noche estaba frente a donde se alojaba Kingsley Priddy, director del Departamento de Lenguas de la Universidad. Era un hombre que se había preparado para servir al Señor como médico misionero en África, pero para asombro suyo había recibido el llamado de ayudar a Ress Howells en la Universidad. Era un hombre imponente, un caballero inglés, de rostro bondadoso y ojos claros y azules que parecían traspasar al que miraba.

Al conversar, nos mencionó que su sobrina vivía en la costa sur de Inglaterra, cerca de nuestra casa.

—Si quisiera combinar un viaje para visitarla y pasar una noche en nuestro hogar de Bournemouth, está invitado de corazón —le dije.

Nos visitó muchas veces. Kingsley nos adoptó como su familia y pasamos noches preciosas en su compañía. Tenía innumerables historias que relatar de su vida y de la vida de Rees Howells, quien dio su dinero, su sustento, su reputación, e incluso arriesgó su propia vida, para interceder con poder por otros. Kingsley trabajó con Rees durante los años de la guerra, cuando el pequeño grupo de la universidad creía que el Espíritu Santo estaba obrando en los acontecimientos mundiales a través de sus oraciones.

Kingsley nos ayudó a darnos cuenta de que nuestro papel en el retorno de los judíos era como el de Daniel 2500 años atrás (véase Daniel 9). Daniel comprendió a través de la lectura del libro de Jeremías que había llegado para los judíos el momento del retorno del limitado cautiverio en Babilonia. Él se identificó con ellos y tomó el lugar de ellos y permitió al Espíritu Santo interceder a través de él para hacer la obra que Dios había determinado.

* * *

El domingo 15 de diciembre de 1991 fue un día que quedó grabado profundamente en mi corazón. Pedimos permiso para ausentarnos un tiempo de nuestro grupo, empacamos y hablamos a nuestros hijos por teléfono. Elsa y yo salíamos hacia Ukrania a las 4:00 a.m. de la mañana siguiente. A las 10:30 de esa noche sonó el teléfono. Era uno de los abogados israelitas.

—Gustav, el permiso que tienes para usar la línea marítima solo te autoriza para transportar turistas y mercancía, pero no inmigrantes. Necesitamos un endoso. ¡*Debes* demorar el viaje!

Estaba aterrorizado con la idea de que llegáramos a Odessa y no pudiéramos transportar ni a un solo judío. Nuestro esfuerzo se convertiría en el hazmerreír de todos.

Me quedé parado allí un minuto, con el teléfono en la mano, evaluando la situación. Nuestros voluntarios ya estaban reuniéndose en Piraeus. La compañía marítima ya había contratado la tripulación. Los judíos ya habían comenzado a llegar a Odessa. Y yo sentía que Dios nos había dado la luz verde.

—No, zarparemos de todas maneras —le dije.

La voz del abogado me respondió:

—Toda la responsabilidad caerá sobre tus hombros, Gustav.

Alerté a los intercesores. Pero esa noche dormí muy poco. En la mañana volamos a Kiev y una encantadora joven nos recogió en el aeropuerto y nos llevó a la estación de trenes para ir a Odessa. Ella trabajaba en el proyecto Exobus, que transportaba por ómnibus a los judíos *(olim)* que tomaban los vuelos de la Agencia Isaelita. Apenas habíamos salido del aeropuerto cuando nos detuvo un policía de tránsito. Este vino a la ventanilla del carro y comenzó a hablar en ruso con rapidez.

—¿Qué quiere? ¿Qué está diciendo? —pregunté a nuestra compañera.

—Él quiere dinero o alguna otra cosa. Dice que íbamos muy rápido.

—¿En este carro tan viejo y con el camino en estas condiciones? ¡Es imposible que vayamos muy rápido!

Ella dio al policía un par de medias de nylon de mujer a través de la ventanilla. Para mi asombro, él se las echó en el bolsillo y siguió su camino. La joven nos explicó que esto era muy común en la policía porque así se ayudaban a subsistir, ya que ganaban una suma miserable.

—A menudo llevamos cosas extras con nosotros en el auto para poder librarnos de ellos si nos detienen.

Fue la primera señal de las condiciones caóticas que enfrentaríamos. Elsa y yo llegamos al Londonskaya hotel en Odessa, un edificio aristocrático de imponentes pasillos y ventanales de vidrios de color. Era considerado el mejor hotel de la ciudad, pero por varios días no tuvimos calefacción y por dos días no tuvimos agua. Las ventanas no tenían aislante y nuestro enorme cuarto estaba congelado de frío.

Como no había comedor, nos unimos al resto de los residentes de la ciudad en la búsqueda diaria de alimentos y sentimos en nuestros propios estómagos los devastadores efectos del hambre y el colapso económico que había sufrido el país. Caminando por las heladas calles pasábamos por tiendas de abastos con sus ventanas decoradas con cortinas y luces pero sin mercancía. Uno de los mercados más grandes no tenía nada más que botellas empolvadas de verduras envasadas y unas pocas manzanas arrugadas en estado de descomposición. En casa hubieran ido a parar al basurero.

Gran cantidad de personas acudían a los lugares donde era posible adquirir una de dos cosas: pan y vodka, el narcótico con el cual muchos ahogaban sus problemas. Elsa y yo esperamos media hora en la cola para comprar una barra de pan, el cual comeríamos con un poco de queso o una salchicha en nuestro cuarto. Pero la falta de comida no parecía importarnos. Nos sentíamos privilegiados de estar allí. Aquellos eran días históricos.

El barco ya venía en camino, demoraría tres días en llegar y nosotros aún no teníamos los papeles legales necesarios. Aprendí lo que es tensión. Era como una pesadilla ver a cientos de judíos arribar con sus familias y su equipaje, dejando atrás sus trabajos y sus casas y sin saber si los podríamos llevar. Estábamos tratando de hacer algo en los últimos días de la Unión Soviética. El gigante había sido llevado a arrodillarse. Las repúblicas habían declarado su independencia de Rusia y Gorbachev, por no usar la fuerza en contra de estas, ya no era sino una figura política sin poder alguno. Ya en muchas ciudades las estatuas de Lenín, alrededor de las cuales los intercesores habían orado años, estaban cayendo al suelo. Al tratar de conseguir los permisos que necesitábamos, un día hablábamos con un grupo y al día siguiente ya habían sido destituidos. La única manera de lidiar con aquello era de rodillas, sobre el piso de madera de nuestro helado cuarto. Elsa y yo clamamos al Señor.

Entonces dos hombres aparecieron en el puerto vestidos de traje y corbata. Eran cónsules de la Embajada de Israel en Moscú. Ellos nos ayudaron en las difíciles negociaciones. Recibimos el permiso de las autoridades del puerto para que los *olim* abordaran el barco treinta y seis horas antes de zarpar. Fue una inmensa victoria. ¡Treinta y seis horas antes de zarpar! Hasta aquel momento no habíamos sabido si los judíos podrían abordar el barco.

Los judíos estaban por todo el edificio de la terminal, con sus montañas de equipaje, durmiendo sobre sus bolsas hasta tres noches seguidas mientras esperaban a pasar por inmigración. Hacía viento y mucho frío, pero no se quejaban. Su resistencia me impresionó grandemente.

A muchos les había sido bien difícil llegar a Odessa desde diferentes partes de la Unión Soviética. Por causa de la falta de gasolina se habían cerrado cincuenta y cinco aeropuertos en este país. Nosotros habíamos contratado un vuelo para traer a noventa y ocho judíos desde Bakú. Teníamos el avión, pero no encontrábamos la gasolina. Ellos decidieron entonces viajar por tren y tomar el tercer viaje. Tuvimos otro grupo de Moldava para el que habíamos contratado autobuses, pero estos no pudieron recoger a los judíos porque se había producido un conflicto armado en aquella región. Todo mundo (el conductor del tren, el portero, el taxista) trataba de abusar de los judíos en sus esfuerzos por llegar a Odessa. Todos nos traían historias de las enormes sumas de dinero que se les pedía y de las muchas promesas rotas en su camino al puerto.

—Alguien siempre quería calentarse las manos en nuestra pena —expresó Nahúm, un escultor, valiéndose de un proverbio ruso.

Así que cuando se dieron cuenta de quiénes éramos y del porqué estábamos allí, nos abrazaban con cariño. En tiempos de crisis se produce un vínculo especial entre las personas. Nosotros éramos su línea de contacto con el exterior. Nosotros les habíamos traído una esperanza a sus vidas.

Tratamos de ofrecerles refrescos, pero cada vez que les ofrecíamos agua mineral abrían sus bultos y en respuesta nos ofrecían una de sus preciadas botellas de vodka.

—*Spaseeba, spaseeba* —nos agradecían, y nos hacían señas de que nos sentáramos con ellos sobre sus maletas y comiéramos algo de su pescado ahumado y pan.

«¿Por qué estaban viajando a Israel?» les preguntaba Elsa mientras esperaban. Muchos contestaban que iban huyendo de Chernobyl. Elsa me confesó que, al principio, se sintió decepcionada de que aquella fuera la razón.

—Pensaba que se iban porque eran judíos —me dijo.

Yo respondí dirigiéndome a Dios: «Señor, no puedo creer que no entiendan en absoluto la razón de su viaje.

Pero un día Elsa vio a una novia en su traje tradicional, blanco y largo, caminando por el edificio del puerto con su nuevo esposo, camino a la recepción de la boda, y en ese momento se acordó de Apocalipsis 19.7-9. Sintió que el Señor le decía: «Así es, ellos no entienden pero están regresando para asistir a una boda: la boda del Cordero de Dios».

Había montañas de equipaje en el puerto, miles de piezas. Los judíos de la tierra del norte tenían pocas maletas, por lo que traían sus cosas en cajas de cartón, en bolsas, hasta envueltas en cortinas amarradas con cordeles. Era conmovedor ver aquello. Televisores, alfombras, como si cada uno hubiera usado hasta el último gramo de los quinientos kilogramos que les era permitido. Muchas eran cosas de poca importancia y valor, pero ellos se sentían unidos a ellas. Esta había sido una de las razones por las que habíamos querido llevarlos en barco, para que pudieran llevar sus pertenencias. Así el comienzo de la vida en Israel se les haría más fácil.

Pero todavía quedaba un último obstáculo entre los *olim* y su nueva vida: la aduana. Se sentían aterrorizados de pasar por allí, y Elsa y yo pronto descubrimos por qué.

El comunismo estaba muriendo en nombre solamente. La dureza del corazón del faraón todavía se reflejaba en la crueldad del sistema y en los rostros duros de muchos dentro del personal de la aduana. Todo lo abrían y los oficiales metódicamente y sin miramientos cumplían las instrucciones. Revisaban cada página de cada libro para ver si se escondía allí alguna nota bancaria.

Esto tomó horas por cada familia. Los que se iban eran considerados traidores al país y como tales los trataban. No se les permitía llevar consigo nada de valor. Yo vi a una mujer cuyo niño sufría de asma; le quitaron la medicina. Una joven de dieciocho años vino a mí con su madre llorando.

—¿Podría, por favor, llevar con usted mi maquinita de coser? —sollozaba. Yo no podía, las autoridades podrían usar esto como excusa para cancelar la operación en forma permanente.

Los funcionarios de aduana tomaban las joyas, a veces a la fuerza. A una mujer le destrozaron el dedo por quitarle el anillo de oro, que le quedaba apretado.

—Los judíos se llevan las mejores cosas —le dijo el funcionario que se lo arrancó—. ¡Por algo Rusia está tan pobre!

Otra mujer sollozaba histéricamente mientras subía a bordo del barco. El anillo de boda que había heredado de su abuela se lo habían quitado. A una pintora de la edad media le prohibieron llevar sus pinturas basados en que «una obra de arte es patrimonio del estado». Ella también subió llorando al barco. Le habían arrebatado el trabajo de toda su vida. Como muchos otros, en aquel momento se cuestionaba si hacía bien en partir. Le puse una mano en el hombro.

—La vida es más que las cosas materiales —le dije a través de un intérprete—. Usted está siguiendo al Dios de Israel y Él la bendecirá por ello.

Lo que sí no dejaron atrás fue su educación. Cuando conocí por primera vez al alcalde de Odessa, quien también era judío, expresó una acusación cierta contra nosotros:

—Usted está llevándose algunas de nuestras mejores personas.

Muchos de los judíos soviéticos eran altamente entrenados ingenieros, médicos o músicos.

Se contó la historia en el aeropuerto Ben Gurión de un hombre que preguntó al maletero:

—Casi todos traen un violín, o una guitarra u otro instrumento, pero hay unos pocos que no llevan ninguno. ¿Por qué será?

El maletero se volvió y dijo:

—Eso es muy simple de explicar: son pianistas.

El día de la partida al fin llegó. Elsa y yo nos levantamos antes del amanecer y al llegar al puerto bajamos la gran escalinata en un día de un frío cortante y una fuerte neblina. ¡Allí estaba el *Mediterranean Sky*!

Era una vista emocionante. El barco estaba muy iluminado con sus cuatro pisos, relucientes con brillantes colores de oro, naranja y blanco a todo lo largo de sus 160 metros. Era, de seguro, el barco más grande que jamás habíamos visto en el puerto de Odessa desde nuestra llegada. Parecía un visitante de otro planeta en aquel puerto de aspecto triste. Después de toda la tensión y enorme presión de los días anteriores, no pude evitar que las lágrimas corrieran por mi cara, lágrimas de gozo y de alivio.

Steve estaba en el barco con veinte voluntarios. Al entrar el barco de lleno al puerto ellos sonaron el *shofar*, un cuerno de carnero que los judíos hacen sonar desde los tiempos de Moisés como un llamado a la liberación. Los *olim* brincaron de donde yacían sobre sus bultos que habían cuidado durante la noche y corrieron fuera del edificio gritando y agitando los brazos.

«Cuán grande eres, oh Dios», cantó mi corazón recordando el Salmo 147. «Cuán majestuoso eres, pues lo que te has propuesto, lo que está escrito, tú lo has cumplido. Tú has recogido a los desterrados de Israel. Tú has sanado a los quebrantados de corazón y vendado sus heridas».

Vimos un gran grupo abordar el barco, quinientos cincuenta en total: ancianos y jóvenes, mujeres con sus hijos, el ciego y el cojo. Era exactamente como lo describió Jeremías 31. Subieron por la escalerilla del barco con sus perros, sus gatos, sus pajaritos en las jaulas. Fuimos testigos de adioses conmovedores y lágrimas a medida que aquellos judíos soviéticos salían de la única patria que habían conocido.

El *Mediterranean Sky* zarpó después de la medianoche. Que maravillosa visión fue verlo flotar al salir del puerto con todas sus luces. ¡Se había logrado! ¡Los cristianos habían abierto la ruta marítima para los judíos desde la Unión Soviética hasta Israel!

Dos días después Elsa y yo tuvimos en privado nuestra propia celebración de la Navidad en Odessa. A las 7:00 de la noche de ese día Gorbachev apareció en televisión, anunciando: «En este momento estoy dimitiendo como presidente de las Repúblicas Socialistas de la Unión Soviética». Y con él desaparecía la Unión Soviética. Esa noche bajaron la bandera roja de la cúpula del Kremlin. Ese mismo día se cumplían exactamente seis años del día en que los intercesores habían hecho aquella declaración frente a su oficina.

El *Mediterranean Sky* cruzaría mil ciento cincuenta millas marítimas casi en medio de los vientos de galerna de una tormenta. Finalmente, en la mañana del cuarto día, la tormenta cesó y el puerto de Haifa se vió bañado por la luz dorada del sol. El capitán hizo sonar la sirena de nieblas y botes de los guardacostas israelitas acudieron apresuradamente a recibir al barco con luces y sirenas. Los *olim* se recostaban sobre el barandal del barco, contemplando su Tierra Prometida. Nadie sabía si reír o llorar.

Los censores militares israelitas habían mantenido el viaje en secreto por temor a que los terroristas atacaran el barco. Esa misma semana una bomba puesta en un auto había explotado en el campamento de la Agencia Israelita en Budapest y, aunque por escaso margen no había alcanzado un autobús lleno de *olim*, había matado al policía que lo escoltaba. Pero esa mañana la radio de Israel declaraba la noticia de la llegada del barco y una multitud de periodistas y gente ansiosa de darles la bienvenida estaban ya esperándolos en tierra.

Hubo aplausos, gritos, banda de música y el sonido de las gomas del barco que rozaban las gomas del puerto. Las cámaras fotográficas funcionaban incesantes con multitud de fotos del imponente barco que llegaba, tomadas por los que esperaban. El ministro de Absorción Yitzhak Peretz, un rabino ortodoxo, no podía esconder su entusiasmo cuando subió a bordo para recibir a los *olim*.

—Ustedes han llegado a su patria, a su familia, a su hogar —les dijo—. El gobierno de Israel hará todo lo posible para ayudarles en su nuevo hogar.

Yitzhak besó a un niño de nueve años llamado Genia cuyo padre le presentó al resto de su familia y dijo:

—Estamos felices de haber llegado a Israel. Hemos esperado mucho este momento.

—Cuando vi la costa de Israel desde el barco me emocioné tanto que no podía hablar —añadió Sophia, una maestra de inglés de la República de Georgia—. Creo que será muy bueno estar aquí. Tiene que ser muy bueno.

Uno de los primeros *olim* que bajó del barco todavía estruja-
ba en su mano el pasaporte soviético color vino, juntamente con
su libro de inmigración azul obscuro israelita, el cual había recibido de los oficiales a bordo del barco.

—*Shalom, shalom* —gritaba emocionado.

—No puedo decirle cuánto significa esto —dijo el israelita
que nos había ayudado a reunir a los *olim* en Odessa—. Yo perdí
a toda mi familia en Europa. Si hubiera habido más barcos como
este, la historia hubiera sido diferente.

«Barco trae a judíos en un nuevo éxodo», se leía en las primeras planas de los periódicos de todo el mundo conectados con la
AP Associated Press. La llegada del barco también estaba en las
primeras planas de los principales periódicos israelitas y trajo re-
cuerdos agridulces a muchos. En las décadas del 30 y el 40, casi
todos los que emigraron a Israel llegaron por el Mediterráneo. El
barco más conocido, el *Éxodo*, fue interceptado en 1947 por las
fuerzas militares inglesas que trataban de poner en efecto cuotas
de inmigración más estrictas. Tres pasajeros judíos murieron
bajo el fuego de los ingleses y unos cien resultaron heridos.

Ahora nosotros teníamos en cambio la oportunidad de dar
públicamente la bienvenida al pueblo judío. «Estos son cristianos
que aman a Israel», explicó nuestro abogado en un reportaje para
las noticias nacionales de la televisión. «Ellos ven la importancia
del regreso de nuestra gente a esta tierra».

Johannes y Kjell también estaban en Haifa para darle la bienvenida a Steve. «Kjell y yo lloramos cuando vimos que el barco
llegaba al puerto», contó Johannes después. «Fue la experiencia
más conmovedora de toda mi vida como intercesor. Mirando hacia atrás, a lo que hacía seis años hicimos en las escalinatas del
puerto de Odessa, y viendo a todos estos judíos y la enorme montaña de equipaje, comprendimos que Dios había honrado lo que
nosotros, aquel pequeño equipo, habíamos hecho».

Yo ni siquiera tenía fe para esto estando allá. Me parecía loco
lo que hacíamos. Pero estábamos en un acto profético de Dios.

—Increíble. Todo lo que queríamos se logró. Todo.

Capítulo 5

Te escogí, y no te deseché
(Isaías 41.9).

Me quedé asombrado cuando llegó el telex de nuestros abogados después del desembarco en Haifa:

> Estimado Gustav:
> Acabamos de recibir una queja muy fuerte de parte del Ministerio de Absorción, la cual no solo amenaza con abortar nuestra operación, sino que nos podría llevar a consecuencias muy desagradables y graves.
> Algunos de los oficiales israelitas de a bordo se quejaron de haber presenciado lo que para ellos era actividad misionera. En varias ocasiones a algunos de los inmigrantes se les invitó a visitar y contactar a los cristianos en Jerusalén.

Yo nunca había pensado en esto con seriedad. Nuestras líneas de conducta para nuestro grupo habían sido muy claras. No tratamos de predicar a los *olim*. Simplemente los amamos. El Señor me había revelado que simplemente debíamos mostrarles amor en acción y hacer lo posible por volverlos a su tierra. Yo había puesto esto por escrito para el gobierno de Israel. Si rompíamos este compromiso, ellos detendrían la ruta marítima y nosotros habríamos fracasado en la obra para la cual Dios nos había llamado.

El *Mediterranean Sky* iba de regreso a Odessa para realizar el segundo viaje. El Ministerio de Absorción demandó que todos los voluntarios estuvieran confinados en sus cabinas hasta que bajaran en Haifa. Cuando el barco arribó en Odessa, subí y reuní a todos los voluntarios en un salón.

—Todos los que están dispuestos a honrar nuestro compromiso —les dije— quiero que se pongan de pie ahora mismo. Nosotros no seremos misioneros con nuestras palabras pero queremos ser embajadores con nuestras acciones. Cada uno de ustedes está haciendo esta declaración ante el Señor. Si no, salgan del barco ahora mismo.

Todos se pusieron de pie. Esto me dio una confianza cierta de que tenía un equipo en quien podía confiar y me permitió tomar una posición firme y clara en el asunto cuando enfrenté la presión gubernamental.

Ciertamente la acusación demostraba que no entendían nuestros motivos. Pero es igualmente importante que entendamos la mentalidad judía en este asunto. Por más de mil años han resistido los esfuerzos por eliminarlos. No pocos de ellos escogieron heroicamente la muerte antes de negar la fe de sus padres. Los libros apócrifos de los Macabeos cuentan la historia conmovedora de la batalla en contra de la asimilación en el segundo siglo antes de Cristo, batalla que preservó al pueblo de Israel e hizo posible el posterior nacimiento del Mesías.

Mis propios hijos, de padres suizos pero nacidos en Inglaterra, son más ingleses que suizos. Pero los judíos han sobrevivido como un pueblo diferente aun después de andar esparcidos entre las naciones por casi dos mil años. Esto no se debe a otra cosa sino a la mano de Dios, quien prometió en Jeremías 31.36 que el sol y la luna dejarían de ser antes de que «también la descendencia de Israel faltará para no ser nación delante de mi eternamente». Los judíos sienten profundamente, y con razón, que es un acto de gran maldad el tratar de persuadir a un judío a dejar de serlo.

Y en la mente de la mayoría del pueblo judío el creer en Jesús es dejar de ser judío.

La piedra que desecharon los edificadores ha venido a ser cabeza del ángulo (Salmo 118.22)

Ha acontecido a Israel endurecimiento en parte, hasta que haya entrado la plenitud de los gentiles (Romanos 11.25).

Esto explica la susceptibilidad de los israelitas frente a los rumores de que estábamos «misionando». En sus mentes se levantó la imagen aterradora de preciosos *olim* acorralados en las cabinas del barco por cristianos fanáticos que los urgían a convertirse y dejar de ser judíos.

Ha sido solo en las últimas décadas que un número creciente de judíos, como Steve Lihgtle, han recapturado la verdad bíblica e histórica de que Jesús y sus primeros seguidores eran judíos practicantes que aceptaban el Torah, y que puede expresarse fe en Jesús como Mesías sin dejar de ser judío. Qué irónico para el lector del libro de los Hechos en el Nuevo Testamento, que se da cuenta de que la batalla que se luchó entre los primeros seguidores de Jesús fue acerca de si los gentiles podían creer en Jesús sin convertirse en judíos.

A nosotros nos han atacado algunos creyentes en cuanto a esto mismo. Ha sido doloroso. Una pareja encantadora, ambos judíos creyentes en Jesús como Mesías, fueron a vernos al hotel en Odessa. Querían la oportunidad de hablar de Jesús a los *olim* en el puerto y no podían aceptar nuestra posición. Pero a Elsa y a mí nos conforta la Palabra de Dios. Ezequiel 36 dijo claramente que cuando el Señor llevara de regreso a su pueblo, Él mismo los rociaría con agua y les daría un nuevo corazón y un nuevo espíritu. Y así como el primer éxodo trajo consigo la entrega de la ley, Jeremías 31 enlaza el éxodo final con la obra de Dios en un nuevo pacto con la casa de Israel.

Entretanto algo se les estaba comunicando a los *olim* y funcionarios israelitas mientras nuestros voluntarios permanecían en el barco para el segundo viaje. Comenzó mientras nuestro equipo subía y bajaba por la rampa del barco en Odessa para ayudar a los inmigrantes con su equipaje pesado. Servían refrescos a los *olim* a medida que abordaban, les enseñaban frases elementales en hebreo y canciones israelitas, incluso rasgaban sábanas para convertirlas en pañales para los bebitos, ya que los funcionarios de la aduana en Odessa llegaron al punto de confiscar los pañales desechables.

La noche antes de llegar al puerto de Haifa, los voluntarios organizaron una fiesta para los *olim*. Carol Cantrell, directora de Adoración en Jerusalén, los dirigió en cantos hebreos, muchos de ellos tomados del Tanakh (Antiguo Testamento). Dos mujeres israelitas que iban abordo dejaron a su grupo del gobierno y fueron a sentarse a los pies de Carol para cantar y palmear con rostros radiantes de gozo. En el centro del gran salón se hizo un círculo grande formado por cristianos, israelitas y *olim*. Entre estos estaba la mujer que había llorado tanto por el anillo cuando abordaba el barco. Era una mujer transformada.

—Sentí que hubo un momento en que sus cargas fueron quitadas y remplazadas con gozo —dijo Carol más tarde—. Está claro en las Escrituras que regresarían con regocijo y canto.

Todos nos pusimos de pie para cantar el himno nacional de Israel, *HaTikvah* (The Hope) y Carol terminó la reunión con *Shalom, chaverim* (Adiós, amigos) mientras los *olim* salían del salón con lágrimas en el rostro. Algunos trataban de comunicar sus profundos sentimientos tirando besos a los voluntarios.

—En Rusia pensábamos que el pueblo judío solo tiene enemigos en el mundo —dijo uno de ellos—. No sabíamos de ningún amigo.

—Nunca hemos experimentado en nuestra vida algo como esto —dijo otro al despedirse lloroso.

¡Qué cuadro de reconciliación entre cristianos y judíos!

Más tarde esa noche los seis agentes de seguridad israelitas de cabello obscuro fueron de uno en uno hacia el fondo al salón de la proa del barco donde se encontraban reunidos los voluntarios. Empujado por sus compañeros, uno de ellos dijo:

—Nosotros solo queremos decirles kol hakavod (todo el honor sea a ustedes).

Cuando se fueron, Steve dirigió a los voluntarios en una oración: «*Kol Hakavod* a ti, Señor».

* * *

Comencé a calmarme al acercarse el tercer viaje. Nuevamente teníamos como quinientos *olim* reunidos. Como había ocurrido en los viajes anteriores, la aduana abrió sus puertas tres días antes de la partida. Nuestro agente de embarques vino a mí al final del primer día.

—Solo pasaron setenta de ellos por la aduana en el día de hoy —me dijo—. ¡Parece que los aduaneros quieren enseñarles a ustedes una lección!

Le parecía que a propósito estaban demorando el procedimiento de manera que no todos los *olim* pudieran embarcar en el último viaje.

Elsa y yo habíamos planeado ir en aquel viaje con ellos. Pero yo me sentía responsable por cada judío que había arribado a Odessa.

—Si todos los *olim* no pueden abordar tendrás que viajar sin mí —le dije—. Me quedaré para organizar un vuelo o encontrar otra solución.

Nuevamente comenzamos a clamar al Señor para que abriera un camino.

—Señor si este es tu pueblo, esta es tu obra —oraba—. Necesitamos un milagro.

Yo sabía que si las cosas seguían igual nos tomaría de seis a siete días pasar la aduana. En realidad, al segundo día solo setenta pasaron su equipaje e igual el tercer día.

El día de la partida todavía faltaban trescientas personas por cruzar la aduana. Esa noche no dormí bien y a las 3:00 a.m. me comuniqué por radio con Steve quien estaba en el barco, para hablarle de la situación. Este despertó al resto del equipo y les pidió que en vez de dormir se pusieran a orar para que el resto de los *olim* pudieran abordar y partir en el viaje.

El teléfono sonó a las 3:30 a.m. y era una hermana de Inglaterra.

—Gustav, he estado tratando hace horas de comunicarme contigo —me dijo emocionada—. El Señor me dio un mensaje para ti. Yo sabía que te lo debía comunicar esta misma noche. ¿Podrías buscar Zacarías 4 versículos 6 y 7? –insistió.

—Abrí la Biblia y leí:

No con ejército, ni con fuerza, sino con mi Espíritu, ha dicho Jehová de los ejércitos. ¿Quién eres tú, oh gran monte? Delante de Zorobabel serás reducido a llanura.

Ella no sabía cuál era la montaña. Pero en el momento en que oí aquellas palabras supe que el Señor había hablado. Él aplanaría la montaña construida por la aduana que se exaltaba contra Él.

—Empaca también mi maleta —le dije a Elsa.— Ambos iremos en el barco.

Pudimos dormir solo una hora. Pagamos el hotel temprano en la mañana y nos fuimos al puerto. El *Mediterranean Sky* ya había anclado y Elsa y yo subimos a bordo.

Había una atmósfera diferente en este viaje. El Ministerio de Absorción Israelita había enviado a un grupo de judíos ultra ortodoxo de una *yeshiva* a investigar los rumores acerca de nuestra actividad misionera. El líder del grupo era un joven de veinticinco años, quien había sido arrestado a los quince por la KGB rusa acusado de activista sionista.

—Ustedes no pueden tener ningún contacto con los *olim* —nos dijo.

También estaban presentes varios periodistas israelitas para reportar sobre la tensa situación.

Entre los primeros que subieron a bordo había una pareja de ancianos. Habían estado esperando tres o cuatro días en el puerto y estaban muy traumatizados. Era sábado y los judíos religiosos no podían hacer nada para ayudarles. Nuestros voluntarios tuvieron que salir a ayudar. En lo alto de la escalera de embarque una pareja de voluntarios les esperaban con una taza de chocolate caliente en las manos. Detrás de ellos, hombres ortodoxos los vigilaban para ver lo que hacían. El esposo puso su brazo alrededor del anciano judío y la esposa hizo lo mismo con la anciana y así, aquella expresión de amor los impresionó tanto que los ancianos estallaron en sollozos. ¡Nuestros voluntarios solo habían puesto sus brazos alrededor de los hombros de ellos! De pronto la expresión hostil de los judíos ortodoxos se suavizó. Durante todo el día los *olim* que pasaban la aduana subían al barco en un número muy bajo. Debíamos zarpar ese anochecer, pero tarde en el día todavía faltaban doscientos cincuenta *olim* que esperaban en los salones de la aduana. Un día en puerto nos costará entre «veinte y veinticinco mil dólares, les dije al equipo». «Tendremos que zarpar a tiempo». Pedí a los intercesores abordo que se reunieran a orar mientras Steve y yo nos reuníamos con los cónsules israelitas y el capitán en un salón del barco. La ansiedad estaba escrita en todos los rostros de los presentes mientras yo les explicaba la situación tal como era. En ese momento Eliahu Ben Haim, el líder de nuestros intercesores, me llamó a la puerta. «Hemos tenido una palabra del Señor en Ezequiel 39.28», me dijo. «Ninguno será dejado atrás». Recibí la palabra de inmediato. Las consideraciones del dinero desaparecieron, yo sabía que eso era del Señor. Volví a la reunión con los oficiales. «Esto es lo que me ha dicho el Señor» les dije abriendo mi Biblia. «Él no dejará a ninguno de ellos atrás. Esperaremos hasta que todos hayan subido al barco». Mientras luchábamos contra la oposición estábamos aprendiendo a proclamar las promesas de Dios en las Escrituras para el pueblo judío y el *Aliyha* «¿No es mi pueblo como fuego?» dice el Señor en Jeremías 23.29, «y como martillo que quebranta la piedra?». Nos dimos cuenta de que aquellos que aun no abordaban podrían pasar horas y quizás días, esperando y con pocos alimentos. El equipo del barco preparó una cena de pescado y nuestros voluntarios pusieron mesas en el salón del edificio de la aduana, en donde los *olim* pudieran cenar. Todos comieron bien aquella noche. El capitán del barco me dijo después ¡cuán orgulloso él se sentía de ser parte del cumplimiento de lo que estaba escrito en la Biblia! Tuvimos que detener la partida del buque por veintisiete horas. Al fin y al cabo los aduaneros necesitaban el puerto para otro barco y nos echaron fuera. Pero cada persona había abordado el barco con todo su equipaje. Y yo alabé al Señor por ello. Nosotros nos mantuvimos firmes y el Señor ganó una victoria muy grande estableciendo en los «lugares celestiales» que nada detendría de nuevo a un solo de los *olim*

* * *

Elsa y yo estábamos exhaustos. A bordo del barco fue la primera noche en muchas que pudimos dormir bien. Nos sentíamos en el paraíso después de la batalla que habíamos lidiado cada día, cada hora en Odessa. El barco nos parecía un sueño: baño de agua caliente, comida fresca, manteles en la mesa, cosas que antes habíamos dado por descontado. Pensé en el Salmo 126:

> Cuando Jehová hiciere volver la cautividad de Sion, seremos como los que sueñan. Entonces nuestra boca se llenará de risa, y nuestra lengua de alabanza (Salmo 126.1-2).

A la mañana siguiente, parados en el borde del barco, sentimos una satisfacción y un gozo profundos contemplando el Mar Negro que se extendía a lo lejos en el horizonte.

Pero pronto nos recordarían que este mar había sido en el pasado un verdadero mar negro para los judíos. Algunas semanas antes de este viaje había oído por primera vez la horripilante historia de otro barco de inmigrantes, el *Struma,* que había pasado por estas aguas exactamente cincuenta años atrás. Fui a los archivos en Jerusalén a buscar datos y fotos con el propósito de informar a los voluntarios. Enseguida que vimos lo que había ocurrido, sentimos que necesitábamos hacer algo acerca de esto en este viaje.

Setecientos sesenta y nueve judíos que habían escapado del holocausto en Rumania zarparon en el *Struma,* una pequeña barca ganadera construida hacia 100 años y equipada para la navegación fluvial. Después de cuatro días de intermitentes problemas en su maquinaria, se las arreglaron para llegar al puerto de Estambul, en donde buscaron permiso de las autoridades británicas para continuar el viaje y entrar en Palestina (antes del estado de Israel).

En vez de eso, fueron parte de uno de los episodios más tristes de la historia de Inglaterra. Mientras millones morían en el Holocausto durante los años 1939 y 1945, a aquellos judíos que trataban de escapar les fue negada la entrada al «hogar nacional», que el gobierno británico les había prometido dos décadas antes. Los ingleses informaron a las autoridades turcas que aquellos judíos que viajaban en el *Struma* no serían admitidos en Palestina y les pidió no admitirlos tampoco en Turquía.

El barco languideció varias semanas en el helado puerto de Estambul bajo condiciones inimaginables. Los judíos estaban apiñados en la parte mas baja sin espacio para acostarse. Solo tenían un servicio sanitario improvisado, sin siquiera un baño para setecientos sesenta y nueve personas. Las mujeres daban a luz a bordo.

A los treinta y cinco días de estar el barco anclado en Estambul, los nazis se reunieron en la Conferencia Wannsee en un área suburbana de Berlín para decidir sobre la «solución final del problema judío», sin duda tomando en cuenta la indiferencia total de las democracias. La Agencia Israelita hizo numerosas apelaciones durante esos días a favor de los pasajeros del *Struma* pero Inglaterra no quiso cambiar su decisión. A los setenta días, los turcos sacaron el barco del puerto hacia el Mar Negro, dejando a los judíos sin agua, sin comida y sin petróleo. A la mañana siguiente se escuchó una gran explosión y el barco desapareció bajo las aguas. Hubo un solo sobreviviente.

Una parte de nuestros voluntarios eran ingleses y decidieron tener una ceremonia de arrepentimiento en memoria del *Struma* mientras pasábamos por las aguas del Mar Negro. Su deseo era presentarse delante de Dios e implorar perdón para su nación por el papel que jugó en aquella tragedia, y pedir perdón a los judíos de a bordo. Sin embargo, los judíos ortodoxos que viajaban en el barco no quisieron que los *olim* participaran en la ceremonia. Estuvieron muy inquietos y agitados, y discutieron a viva voz en sus cabinas hasta las tres de la madrugada de la noche anterior. Decidimos no discutir con ellos. Estábamos allí para servirlos.

Nos reunimos para la ceremonia en la parte de atrás del buque solamente con los periodistas y con los funcionarios del gobierno israelita como testigos. Gotas de lluvia bañaban los rostros de una docena de creyentes ingleses de pie en un semicírculo en el viento helado del Mar Negro. Fred Wright, un pastor inglés de Colchester, habló con voz emocionada. «Nosotros los ingleses estamos aquí de pie para pedir perdón por la dureza de corazón y la falta de compasión que nuestro país mostró a los pasajeros del buque *Struma*. Fue un acto pecaminoso y nosotros humildemente pedimos perdón».

Nos mantuvimos en silencio por dos minutos mientras las aguas se arremolinaban debajo del barco. Los creyentes ingleses habían preparado una enorme corona de las flores y ramas de pinos que una rara tormenta de nieve en Jerusalén había arrancado la semana anterior. Dos de los creyentes las llevaron hasta el borde del barco y las echaron al mar. El largo y solemne sonido de la sirena del barco se escuchó mientras que los marineros, vestidos de uniforme, saludaban la bandera que flotaba a media asta.

Fue conmovedor. Muchos lloraban. Los israelitas participaron en la ceremonia. Varios de ellos abrazaron a los ingleses cristianos con lágrimas en las mejillas.

—Si creen y nos aman de esta manera —nos dijo uno de ellos—, nos dan esperanza para el futuro.

El veterano periodista Aviezer Golán, escritor de uno de los principales periódicos de Israel, servía como voluntario en la fuerza armada británica cuando ocurrió el hundimiento del *Struma*.

—Yo fui uno de los menos emotivos del grupo —dijo después Golán—, y me siento muy emocionado. Definitivamente hubo un sentir de verdadero arrepentimiento.

Comenzó su reportaje del viaje con una vívida descripción de aquella escena.

—Era una cuestión de realidades espirituales —explicó Bob Hobbs, pastor de una congregación que se reúne en una casa de

Inglaterra—. Queríamos mostrar nuestros corazones y lidiar con aquel asunto. Creemos que algo ocurrió allí que fue importante para Dios, e importante de cierta forma para la relación entre Inglaterra e Israel.

—Hubo un tiempo para nosotros dos en que Israel no era más que otra nación cualquiera —añadió su esposa Delphine— y mi actitud hacia ellos era igual que la actitud de otras naciones. Aun como cristiana de verdad no me percataba de los gloriosos propósitos de Dios para Israel. Progresivamente Dios me fue dando entendimiento. Comenzó a abrirme su corazón y a tocar el mío. Ahora Israel es un lugar muy especial para mí y siento un verdadero amor por los judíos. Mi comprensión de Las Escrituras (el *Tanakh* y el Nuevo Testamento) ha cambiado drásticamente. Ahora me siento ligada a Israel, al regreso del pueblo judío a su tierra y a los propósitos de Dios con ellos hasta el regreso del Mesías.

Inglaterra no es la única nación que volteó su espalda a los judíos. En 1938, cuando se llevó a cabo una conferencia en Evian. Treinta y dos naciones se reunieron para discutir la problemática judía. Antes de la conferencia Hitler les arrojó un reto:

Solo puedo esperar que el mundo, que aparenta tener tanta simpatía por estos delincuentes, sea por lo menos generoso en convertir esa simpatía en ayuda práctica. Nosotros, por nuestra parte, estamos listos para poner a estos delincuentes a disposición de estos países, y si es por mí, incluso enviárselos en barco de lujo.

Una por una las naciones se fueron lavando las manos, con lo que hicieron posible el Holocausto. Estados Unidos dio la nota al solo comprometerse a cumplir con la minúscula quota existente. En menos de un año ocurrió el ampliamente publicado incidente de la negativa del gobierno americano de aceptar un barco cargado de mil cien judíos alemanes refugiados. Los obligaron a regresar a Europa en donde muy pocos sobrevivieron la guerra. Mi propio pueblo, los suizos, que aceptó miles de judíos en la guerra, cerró sus fronteras a un número igual que trató de escapar del Tercer Reich. Los empujaron a recruzar las fronteras en un viaje sin regreso a un campo de concentración.

Creo que no habrá ni una sola persona que lea este libro cuya propia nación no haya hecho mal al pueblo judío, de una manera u otra. Muchos nos hemos arrepentido; pero a mi manera de ver, esto es solo el primer paso. El Señor nos ha mostrado claramente en su Palabra que es nuestro deber ayudar a los judíos a regresar a Israel. ¡Qué oportunidad tenemos de decir a la nación israelita cuán profundamente nos importan y de esta manera transformar en bendición las maldiciones del pasado!

Capítulo 6

Libra a los que son llevados a la muerte;
salva a los que están en peligro de muerte
(Proverbios 24.11).

«Ahora sí sé», comencé a decirme después de los tres primeros viajes. «He tomado un curso de aprendizaje». Esto me dio seguridad. El manejo de transporte por barco había sido algo completamente nuevo para mí, pero me sentía con más confianza.

Ya avanzado el año tuve un alerta en mi espíritu de que era tiempo de renovar los viajes marítimos con regularidad. Sentía que esta vez deberíamos usar un barco que perteneciera a una compañía rusa. La Black Sea Shipping Company (BLASCO) en aquel tiempo probablemente era la compañía marítima más grande del mundo. Poseían dosciento cincuenta naves. Pero cuando le hablé a un hombre especializado en transporte marítimo acerca de mi deseo de usar la BLASCO Él, lo descartó con un simple gesto de su mano: «La BLASCO no envía sus naves a aguas de Israel» dijo. «Incluso los turistas tienen que cambiar de nave en Chipre. Me enteré de que el presidente de la compañía era un hombre que aborrecía al pueblo de Dios. Había apoyado la política del Bloque Comunista de boicotear al estado de Israel».

Así que fui delante del Dios de Israel y le abrí mi corazón. Le dije: «Esto no es justo». El Señor me trajo a la memoria las palabras que el rey David pronunciaría muchos años atrás sobre sus enemigos. «Sean sus días pocos; tome otro su oficio» (Salmo 109.8). Este era verdaderamente un versículo apropiado.

Fui a las oficinas de mi agente de transporte en Odessa.

—Quiero mandar un telefax a mi oficina en Inglaterra —le dije, y sentado en su escritorio escribí:

Si los cristianos alrededor del mundo se unieran en oración conmigo y usaran el Salmo 109.8 en relación con el presidente de la BLASCO, este será removido de su puesto.

Empujé el papel sobre el escritorio y se lo mostré al agente, un joven profesional ucraniano vestido de traje y corbata. Lo leyó asombrado.

—¿Está usted seguro? —me preguntó—. No es sabio lo que está haciendo.

Yo le comprendía. Nunca hay una sensación de verdadera libertad en el antiguo bloque comunista; la gente se cuida mucho más de lo que dice que nosotros los occidentales. Algunas veces los ejecutivos me pedían salir de las oficinas para hablar a solas de cosas confidenciales, y el presidente de la BLASCO era un hombre poderoso en Ucrania.

—Estoy seguro —le dije resuelto—. Yo sabía que el Señor me había dado la libertad y la aprobación para hacerlo.

Tres días después Elsa y yo estábamos empacando nuestros maletas en el hotel cuando oí que tocaban a la puerta. La abrí y me encontré con el agente de transporte. Él me miró y dijo:

—¿Qué clase de hombre es usted?

—¿Por qué? ¿Qué ha pasado?

—Esta mañana en las noticias de la radio se dijo que el presidente de BLASCO está bajo investigación acusado de corrupción.

Quitaron al presidente y el que ocupó su lugar sí estaba dispuesto a llegar a acuerdos con nosotros. ¡Servimos a un Dios grande!

Después vino el reto de encontrar a alguien que pudiera manejar la operación en Israel. En Enero de 1993 ya había tenido discusiones fuertes acerca de esto con el dueño de la compañía de embarque israelita, Moshe Mano. Quedamos a millas de distancia de comprendernos después de una larga noche en la oficina de un abogado en Tel Aviv.

Moshe ofreció llevarme en su auto a la estación central de autobuses para que yo pudiera tomar el ómnibus a Jerusalén a medianoche. Como se extravió, bajó la ventanilla al detenernos en un semáforo y preguntó al chofer del auto a nuestro lado de la calle. Pero se emocionó, estacionó el auto junto a la acera y de un salto salió de nuestro auto. Pasó varios minutos hablando con el otro conductor mientras yo miraba impacientemente las manillas de mi reloj. Tengo que reconocer que me sentía irritado, pensando que iba a perder el último ómnibus de la noche. Finalmente, Moshe regresó a nuestro automóvil.

—He estado tratando de comunicarme con ese hombre desde hace días —me dijo—. A su único hijo, Rohen, le dieron un balazo en Hebrón hace un mes mientras estaba de guardia. Aún tiene la bala alojada en el cerebro.

Moshe hizo una pausa y me miró.

—¿Sabes? —me dijo—. El dinero en realidad no es lo más importante. ¡La vida es lo que de verás vale!

Ambos supimos aquella noche que ya no tendríamos dificultad en llegar a un acuerdo. Y así, entre los dos, hicimos los trámites necesarios para fletar el *Dimitri Shostakovich*, un barco de quinientas camas que pertenecía a la compañía BLASCO con un programa de veinticinco viajes entre los meses de Abril y Septiembre de 1993. Era un hermoso barco construido en 1980 en Valensa, puerto de Polonia, el astillero polaco de Lech Walensa.

Después de largas negociaciones alquilamos un antiguo campamento comunista para jóvenes en Odessa para alojar y alimentar a los *olim* por varios días antes de cada salida del barco. Elsa y yo fuimos también a vivir allí para poder coordinar la operación del viaje a mitad de marzo, ya que la tierra todavía se encontraba cubierta por la nieve. Los voluntarios comenzaron a llegar de muchas naciones del mundo para ayudarnos.

Al principio encontramos que el campamento era un lugar oscuro. Personas de apariencia extraña entraban y salían del hotel. Oíamos a los perros ladrar toda la noche y los vimos cojeando a la mañana siguiente como si los hubieran golpeados. El tiempo estaba muy frío, congelado, y los calentadores no servían ni había agua caliente. Faltaba la mayoría de los asientos en los baños. La comida era terrible. Y a menos que tuviéramos un traductor a la mano, la barrera del idioma nos maniataba.

Los trabajadores del hotel nos miraban con fría sospecha.

—No parecen estar en disposición de ayudar o agradar —me comentó Elsa a los pocos días—. Es como si tuviéramos que negociar nuestros derechos.

Tuve que estar de acuerdo con ella. Los trabajadores trabajaban con expresiones duras y vacías en el rostro que proyectaban un pasado difícil. Varios ucranianos hicieron todo lo posible por ayudarnos, pero ciertamente estos fueron la rara excepción y no la regla. Cuando miraba a los ojos de las personas de la antigua Unión Soviética rara vez podía ver en ellos alguna luz y no podía menos que pensar en cuanto necesitaban a Jesús.

Todo requería un esfuerzo grande en la Ucrania poscomunista. Tecnológicamente estaban cincuenta años atrasados en relación al mundo occidental. Era más fácil atravesar la ciudad en auto que comunicarse con alguien por teléfono. Una mañana necesitaba hacer unas copias fotostáticas. Había dos negocios que ofrecían el servicio. Fui al primero y me dijeron que no tenían electricidad. Crucé la ciudad y llegué al otro negocio y me encontré con que no tenían papel para hacer copias.

Tomé a un traductor conmigo y fuimos al puerto. Yo sabía que era necesario llegar a algún acuerdo con los funcionarios de inmigración ucranianos si queríamos evitar las escenas vividas en los viajes anteriores. Nos enfrentamos a doce de estos funcionarios de inmigración y aduana alrededor de una mesa larga en un cuarto extremadamente frío.

Yo fui un poco ingenuo.

—Creemos que podremos llevar a unos ocho mil emigrantes en estos viajes —les dije—. He venido para conocer cuáles son los requerimientos que hemos de cumplir.

Ausencia total de sonrisas. La temperatura se puso aun más fría.

—No estamos equipados para trámites de emigración —me respondió sobriamente el jefe—. Si usted quiere que lo hagamos, tendrá que proveernos los medios.

A continuación sacaron una larga lista de demandas que estimé costarían cientos de miles de dólares: equipos de rayos X, computadoras, edificar un cuarto exclusivamente para guardar equipaje.

Decidí no aceptar la propuesta de nuestro abogado de escribir al presidente de Ucrania acerca de la actividad y reacción del cuerpo de inmigración. Preferí volverme al Señor. Después de muchas batallas y reuniones que duraban hasta el amanecer, llegamos a un trato.

Juntamente con nuestro agente de embarque israelita aceptamos comprar el equipo de rayos X, lo cual ayudaría a los oficiales de aduana a procesar el equipaje de los *olim* sin tener que abrir cada maleta y cada bulto. El nuevo procedimiento permitiría acortar el tiempo de espera para cada familia a tres o cuatro horas en vez de varios días.

Sin embargo, por cada problema que se solucionaba surgía otro. No existía el seguro de embarcación, no había llegado la autorización del Ministerio de Relaciones Exteriores de Ucrania. No encontrábamos madera para hacer las cajas de embarque que contendrían el equipaje. El equipo que prometimos a los oficiales de la aduana no llegó. La Agencia de Absorción Israelita nos notificó que la fecha del primer viaje no era aceptable para ellos siendo que el barco llegaría justamente antes de que comenzara la Pascua, y el Torah prohíbe hacer trabajo alguno.

—Si llega tarde el barco tendremos que dejarlo en el mar y sin provisiones. Para colmo de males, ¡no había gasolina en el puerto para que el barco zarpara!

Y además nos encontramos con que el reporte optimista del grupo judío ucraniano encargado de reclutar a los *olim* había sido ilusorio. Solo cuarenta y tres personas habían pedido hacer el viaje. ¡Parecía que el infierno mismo se había lanzado contra este viaje! El nivel de fe entre los voluntarios comenzó a decrecer y algunos comenzaron a descorazonarse y cuestionar nuestra misión.

Necesitábamos un mensaje poderoso para detener la disensión. La noche antes de abordar convoqué al equipo a una reunión.

—Vamos a empacar el equipaje esta noche, llevarlo a puerto y subirlo al barco —les dije—. Y vamos a zarpar porque Dios dice que vamos a zarpar.

Al día siguiente, mientras Elsa y yo subíamos por la rampa del buque con el último de los *olim* llegó por fin el barco que contenía la gasolina para el viaje. A bordo nos encontramos a un grupo de nuestros intercesores. Nos habían respaldado sin titubear durante todo este tiempo sin dejarse intimidar por lo que oían y veían. Me senté frente a ellos en la mesa, pero no pude hablar. Me desahogué llorando. Aquello hizo un tremendo impacto en nosotros. Nos abrazábamos, Elsa y yo bajamos de nuevo la rampa y caminamos hacia la oscuridad de la noche que se acercaba.

* * *

Apenas faltaba una semana para el segundo viaje, y nos sentimos desmayar al recibir noticias de que aun menos *olim* que en el primer viaje estaban listos para partir. El año anterior los *olim* habían acudido a montones desde toda la Unión Soviética para salir en nuestro viaje experimental. Algunos habían esperado esa oportunidad por años.

En esta ocasión el torrente de *aliya* se había convertido en un riachuelo constante de una tercera parte de los del año anterior. Además de todo esto, había nuevas leyes aduanales en la frontera que impedían a los *olim* entrar a Ucrania con sus pertenencias a través de las fronteras con otras repúblicas, y la Agencia Israelita ya se había organizado para ofrecer a los *olim* vuelos directos a Israel. En vez de más solicitudes recibíamos cancelaciones.

Nos dimos cuenta de que necesitábamos desarrollar nuestro propio sistema de reservaciones. Al hacerlo, nos encontramos con que la comunidad judía respondía lentamente y parecían temerosos y renuentes a publicar nuestra información. Muchos de los judíos en Ucrania aun tenían heridas abiertas de los sufrimientos que vivieron a mano de los gentiles durante el Holocausto. Durante nuestra primera visita a Kiev, capital de Ucrania, Elsa y yo fuimos a visitar el parque llamado Babi Yar, en las afueras de la ciudad. Cuando el ejército alemán llegó a Kiev en 1941, anunciaron a los judíos: «Preparen sus pertenencias, que van a ser reubicados».

Los reunieron por montones en Babi Yar. Cada familia dejaba su dinero en la mesa. Se les dijo que dejaran sus pertenencias en bultos en el suelo. Después se les ordenó desvestirse y fueron llevados en grupos de cien a la orilla de un barranco. Una mujer que dio a luz allí a su bebé llegó al barranco con el recién nacido en sus brazos. A medida que llegaban al arroyo se daban cuenta de que no había reubicación. Eran arrasados con ametralladoras. Más de treinta y tres mil personas murieron ese día. Muchos que solo estaban heridos fueron enterrados junto con los muertos. Nuestro guía nos dijo que la tierra se estuvo moviendo por muchos días después de la masacre.

Elsa y yo estábamos destrozados emocionalmente. Regresamos en silencio al carro. Ninguno de los dos podíamos pronunciar palabra.

Habíamos oído acerca de esto antes. Mas estando allí donde había ocurrido, nos sentimos agobiados por la crueldad y perversidad del ser humano. Aquello nos dejaba estremecidos sobre todo porque veníamos de un pasado donde nos sentíamos protegidos.

Más tarde fuimos a un lugar de pastos sin cultivar cerca del puerto de Odessa. Daba la apariencia de que nadie quería edificar allí. Un pequeño obelisco explicaba por qué. En octubre de 1941, seis días después de la llegada de las tropas alemanas y rumanas que ocuparon a Odessa, una explosión voló la comandancia de las fuerzas rumanas y mató al general que la mandaba. Como venganza, encerraron en un terreno cercado a diecinueve mil judíos, los rociaron con gasolina y los quemaron vivos. Al siguiente día, dieciséis mil más fueron obligados a marchar en largas filas a una aldea cercana. Al principio los ametrallaban en grupos de cincuenta, pero luego los encerraban en almacenes y los quemaban vivos. Las madres aterrorizadas que intentaban arrojar a sus hijos por las ventanas para salvarlos eran recibidas con granadas y balas.

—¿Dónde estaban ustedes los cristianos cuando todo esto ocurría? —nos preguntó un líder judío cuando le dijimos que estábamos allí para ayudarlos a regresar a su tierra—. Nadie acudió en nuestra hora de necesidad.

Esta duda y sospecha inicial unida a la falta de confianza era acrecentada por la oposición que nos vino de una fuente que yo nunca hubiera esperado. Desde las oficinas centrales de la Agencia Israelita de Jerusalén llegaron instrucciones a sus empleados en Odessa de desviar a los *olim* para que no viajaran con nosotros. Advertían a las familias judías que si llegaban al puerto de Haifa con sus pertenencias se verían en el muelle sin nadie que les ayudara.

Por último, aparecieron anuncios en los periódicos ucranianos con el dibujo de un barco con una X roja encima. Debajo decía:

LOS VIAJES MARÍTIMOS DE ODESSA A HAIFA HAN SIDO CANCELADOS.

Firmaba la Agencia Israelita.

Me sentía destrozado. Siempre supe que cuando entrara a la antigua Unión Soviética tendría que librar una batalla. Pero no esperaba esto ni de los judíos ni de Israel. Entonces en su gracia, el Señor me recordó que Moisés había tenido problemas no solo con los egipcios sino también con sus propio pueblo. Nada había cambiado desde entonces.

Inicialmente los empleados de la Agencia habían tenido grandes reservas en relación a que nosotros los cristianos estuviéramos capacitados para hacer esta obra. Temían que desapareciéramos después de unos meses y les dejáramos nuestras responsabilidades. Al parecer veían nuestra ayuda como competencia en lo que, hasta aquel momento, había sido una esfera exclusivamente suya. Nuestro momento más crítico llegó en el quinto viaje semanal, que debía salir de Odessa el Viernes Santo a finales de abril. Habíamos pagado por trescientos veinte camarotes. Solo diez *olim* llegaron al barco.

Me vi bajo severo ataque. Para entonces la mitad de los voluntarios se habían marchado o les habíamos tenido que pedir que regresaran a sus casas. Algunos de los hombres que nos habían apoyado convocaron a una reunión en Londres y allí pidieron que explicásemos por qué estábamos gastando tanto dinero en tan pocas personas. Dudaban de nuestra visión y pensaban que era insensato fletar un barco tan grande para los viajes semanales.

Me sentí humillado por la convocatoria. Me preguntaba a dónde nos llevaría todo esto. ¿Iba a ser acusado de actuar sin sentido? ¿Habría realmente escuchado al Señor? Sentí que había fracasado y, por primera vez, pensé en darme por vencido.

En medio de la noche me levanté de la cama en nuestro cuarto del hotel en Odessa y me postré en el suelo con el rostro en la alfombra y sollozando: «No puedo más», clamé al Señor.

Algo se estaba quebrando: mi orgullo de ser el escogido para esta obra. Fue doloroso, humillante.

Regresé a la cama, todavía entre sollozos y me acosté al lado de Elsa. Ella estaba despierta y me habló en la oscuridad del cuarto.

—Quiero contarte una historia. Hubo un hombre que construyó el mejor barco jamás construido. El hacerlo le llevó ciento veinte años. Y solamente ocho personas viajaron en él.

Sabía que Elsa hablaba de Noé. Fue una revelación maravillosa. Me dio fuerza y valor. Elsa fue maravillosa para mí durante aquel tiempo. Ni por un momento dudó que el Señor nos había llamado a nosotros.

Pocos días después volamos a Jerusalén. La Agencia Israelita nos hizo entonces la oferta de pagar ciento ochenta dólares por cada inmigrante que lleváramos en nuestros viajes. Al principio me llené de alegría y pensé seriamente que aquella era nuestra respuesta. «Señor, ¿qué dices tú?», le pregunté. «¿Aceptamos o no?» Nuestro equipo en Odessa estaba en contra de aceptar la oferta pero aun así quise tomarme otra semana para considerarla. Esta me ofrecía una manera de evadir la creciente crítica contra nosotros. Sin embargo, el Señor no me permitió aceptar. Me recordó que Él había llamado a los gentiles a llevar a sus hijos de regreso a su tierra.

La reunión pública se tuvo en *Tisha b'Av*, «día de desastres» en el calendario judío. En ese mismo día los babilonios destruyeron el templo de Salomón en el año 587 d.C., y los romanos el segundo templo en el año 70 d.C. Con una mezcla de dolor, indignación y aprehensión, volé a Londres acompañado por Elsa.

Entramos en la reunión que se celebraba en el salón de un hotel cerca del aeropuerto de Heathrow y encontramos a unas cincuenta personas reunidas. Varios de nuestros fieles intercesores estaban también presentes para apoyarnos en oración. Tomé asiento en una mesa con Johannes Fascios y Kjell al frente. Vi allí también a los líderes de las Conferencias de Oración Intercesora que celebramos cada año en Jerusalén. Habían volado hasta allí; Eliyahu Ben Haim desde Israel y Robert Wahrer de Suiza. El señor Kingsley había ido desde la Universidad de Gales. Todos estos hombres me conocían íntimamente y habían estado a mi lado en oración. Todos eran líderes cristianos reconocidos en Europa. Aun los que ahora estaban en nuestra contra los respetaban y aceptaban como líderes.

Al principio hubo mucha tensión en la reunión. Johannes presidió y junto con Kjell desarmó el problema. Dirigieron la discusión en el Espíritu de Cristo y con oído sensible escucharon los argumentos. Todos tuvimos la oportunidad de hablar con el corazón y ninguno se sintió cohibido, ofendido o insultado.

Algunos argumentaron que nosotros estábamos malgastando los recursos de Dios. Me sorprendí cuando los que dirigían pusieron a un lado la cuestión financiera.

—El número de *olim* no es lo importante —dijo Johannes—. Tenemos que fijarnos en la dimensión espiritual.

Fue evidente que la opinión unánime del liderazgo era que teníamos un genuino llamado del Señor, y que era la voluntad de

Dios que los viajes marítimos continuaran. Los líderes ratificaron su deseo de compartir las responsabilidades con nosotros y de aquí el fondo de Emergencia Ebenezer obtuvo su cuerpo de Consejeros Internacionales. No todos se regocijaron, pero todos sentimos paz.

Nos quedamos a cenar con nuestros amigos.

—Estoy feliz de que este asunto haya terminado —le dije a Elsa con un suspiro. No fue hasta aquel momento que me di cuenta que todo lo sucedido había venido del Señor. Había sido uno de los episodios más dolorosos de mi vida, pero vi que Dios lo había hecho para mi bien. Ya no me sentía tan importante, esta era realmente la obra de Dios y yo solamente uno de sus siervos. Él está envuelto en la tarea de convertirnos en hombres y mujeres a quienes Él pueda usar. Como Elsa me recordaba a menudo, «no es lo que nosotros hacemos por el Señor lo que realmente cuenta sino lo que Él está haciendo en nosotros».

Ahora, por primera vez, yo captaba que nuestras oraciones y nuestras acciones iban mas allá de los límites del ministerio particular de Ebenezer. Escribí a los que nos apoyaban:

> Durante estos tres meses el Señor ha actuado poderosamente en los lugares celestiales, y ha puesto los cimientos de una obra mucho más grande de lo que se puede visualizar. El Señor nos ha mostrado tan claramente la naturaleza intercesora de este proyecto, que no solo tenemos el privilegio de sacar a miles de *olim*, sino que, a través de nuestra victoria, en cada nivel, en cada oposición que el infierno pueda poner contra la obra, el Espíritu Santo tomará una posición de intercesión para que los judíos del mundo entero sean devueltos a Israel, conforme a la Palabra de Dios.

La experiencia de Kingsley con la intercesión nos ayudó a sacar esta verdad a la luz. Él siempre estuvo intensamente interesado en nuestro trabajo, y en una carta maravillosa me ayudó a ver por qué yo había sido guiado por el Espíritu Santo a rehusar la oferta que la Agencia Israelita había hecho a la Operación Éxodo. El verdadero intercesor, dijo, se vuelve «personalmente responsable» del objeto de su oración:

> Como ves, la intercesión no es oración, ni siquiera una oración intensa. Cualquier persona puede orar y orar genuinamente por algo y a la vez no estar dispuesta a comprometerse irrevocablemente, a cualquier costo, a que su oración tenga cumplimiento. El intercesor sí lo hace.
>
> En la intercesión hay identificación con los asuntos o personas por las que intercedemos. El intercesor está dispuesto a tomar el lugar de la persona por la que ora; a que la necesidad de aquella se convierta en su necesidad; a que la necesidad de aquella se resuelva a costo propio y a que el sufrimiento de aquella se convierta en la angustia de su propio corazón.
>
> Es así como el Señor Jesús ora por los transgresores (Isaías 53.12). «Mas Él herido fue por nuestras rebeliones, molido por nuestros pecados» (Isaías 53.5). Él tuvo que «identificarse» con los pecadores; y les aseguró el perdón pagando vicariamente lo que debían.

(Esta carta completa aparece reproducida en el apéndice 2).

Para sorpresa nuestra, el principal periódico de Israel, *Yediot Ahronot*, se había ocupado de la crisis de Odessa. Enviaron a un periodista a investigar, y en la misma semana de la reunión en el aeropuerto de Heathrow publicaron en su edición de fin de semana un artículo de varias páginas en el que revelaban el esfuerzo de la Agencia Israelita por «torpedear» los viajes marítimos.

El Knesset tomó el asunto en sus manos. Me llamaron a testificar ante una sesión especial del Comité de Inmigración. Llegué en el barco que venía de Odessa la noche antes de la reunión. Yo estaba sudando. ¿Ir yo al Parlamento? No pude preparar lo que debía decir.

Esa mañana entré al abarrotado salón de reunión donde estaban importantes miembros de la Agencia Judía, los miembros del

Knesset, varios funcionarios gubernamentales y la prensa. Cuando comenzó la reunión Yasha Kedmi, quien tenía años de experiencia con los judíos soviéticos como jefe del Buró de Enlace del Primer Ministro, se pronunció fuertemente a nuestro favor. Argumentó que la decisión de muchos de los *olim* de inmigrar a Israel dependía de si podían traer consigo sus posesiones o no, lo cual era posible en nuestros viajes. También reveló que desde 1989 su Buró había estado pidiendo la apertura de la ruta marítima en caso de emergencia en que los vuelos fuesen imposibles de realizar.

Yo escuchaba la traducción del hebreo al inglés que se me susurraba.

Este grupo desea financiar la intención del Estado de Israel y el pueblo judío de traer por mar a los *olim*. ¿Por qué no estar de acuerdo con ellos y darles las gracias?

Yo había entregado a los miembros del comité unos papeles que contenían las referencias bíblicas en donde basábamos nuestro proyecto. Avraham Ravitz, miembro del Knesset y rabino ortodoxo de larga barba y traje negro, interrumpió la reunión para pedir una Biblia hebrea; luego se volteó y me dirigió la palabra por primera vez.

«En sus papeles usted tomó un versículo de Jeremías 16, un versículo correcto y bello. Quiero dirigir su atención a lo que dice Jeremías al final de ese capítulo:

Oh Jehová, fortaleza mía y fuerza mía, y refugio mío en el tiempo de la aflicción, a ti vendrán naciones desde los extremos de la tierra, y dirán: Ciertamente mentira poseyeron nuestros padres, vanidad, y no hay en ellos provecho. ¿Hará acaso el hombre dioses para sí? Mas ellos no son dioses (Jeremías 16.19-20).

»Le diré por qué me refiero a estos versículos. En los viajes de hace dos años (no sé si era de su organización o no), las cosas no se hicieron tan bien en cuanto a que el grupo cristiano que lo dirigía trató de influenciar a los *olim*. Le estoy hablando a usted en forma abierta, como deben hablarse los religiosos.

»Ciertamente debemos traer a los judíos a Israel a cualquier precio, pero no al precio de que se intente influenciarlos para que reciban una religión diferente. No puedo aceptar ese precio ... Debemos recordar que se trata de *olim*, personas que han estado durante setenta y tres años aisladas de la religión de sus antepasados, y que desean volver a sus raíces. Y *oy vavaoy* a nosotros si van a ser influenciados por un grupo de misioneros en camino a este país ... Necesitamos resguardar estrictamente a estos judíos en su regreso a la Tierra Santa, a la tierra del *Tanakh*, la cual les fue prometida por el Santo, bendito sea Él, para que no sean confundidos».

Comprendí que tenía que hablar.

«Señor Presidente, estoy sorprendido de estar en el Knesset. Soy un hombre sencillo que sirve a un Dios extraordinario. Y yo sé que el Dios de Israel me ha llamado para servir y traer a su patria a los hijos de Israel, el pueblo escogido. Quiero decir de la manera más clara posible que mis manos están limpias y mis motivos son puros. Los voluntarios que trabajan con nosotros se comprometen a no tener ninguna intención misionera y a no participar en ninguna actividad misionera».

Abrí mi Biblia en ese momento.

«Escuchen, este libro fue escrito por ustedes. Si leen su propia Biblia verán que Isaías dice que los gentiles deberán traer a sus hijos y a sus hijas de regreso a esta tierra. Quiero que sepan que a través de todo el mundo hay cristianos que se han comprometido a traer al pueblo judío a su tierra.

»Durante los últimos dos años y medio he pasado más tiempo en Odessa que en ninguna otra parte y he viajado intensamente por toda la antigua Unión Soviética. Sé que la situación se está deteriorando. Estamos viviendo con tiempo prestado. Necesitamos hacer todo lo que podamos por traer a esos *olim* lo antes posible».

»Creo que es muy importante que haya una ruta de escape adicional. En el capítulo 60 versículo 9 de Isaías dice explícitamente que los *olim* regresarán a su tierra por barco, que "las naves de Tarsis traerán a tus hijos de lejos".

El rabino Ravitz seguía mi lectura en su Biblia hebrea.

—Y dice también allí —interrumpió— que traerán con ellos «su plata y todas sus posesiones». Es decir, que su equipaje vendrá con ellos. ¿Acaso no es de esto de lo que estamos hablando aquí?

Desde ese momento en adelante él y el resto del comité nos apoyaron. Y sin yo haber dicho una palabra en contra de la Agencia Judía, lo que se había hecho a escondidas salió a la luz, y lo que se había ocultado fue conocido de todos.

—La Agencia actuó en forma completamente equivocada —dijo Uri Gordon, jefe del departamento de inmigración, y mostró los telegramas que el comité mandaría a los representantes de la Agencia instruyéndoles que nos ayudaran de inmediato.

—Pedimos a la Agencia Israelita que arregle este asunto lo más pronto posible —concluyó el director del comité, Emanuel Zisman, al final de la reunión—. Recomendamos que se le de a este asunto la más alta prioridad ... puesto que todos vemos que existe un verdadero peligro de pérdida de vidas.

Terminado todo, el rabino vino y, dándome la mano, me dijo:

—Ahora me siento mucho más tranquilo de que ustedes ayuden a nuestra gente a regresar a su patria.

Me dijo que me había expresado muy bien. ¡No yo! El Señor me había tomado de la mano.

También Uri Gordon nos escribió esa semana: «Deseo extenderle nuestro aprecio a los que colaboran con usted. Ustedes son parte de un gran evento histórico: el regreso del pueblo judío a su propia tierra.

* * *

En la base de Odessa florecía un nuevo ambiente. Reedificamos el equipo de voluntarios, provenientes de veinte diferentes naciones, y había gran gozo entre ellos. Los unía su amor por el Señor y su Palabra. Aun después del arduo y cansado trabajo podían cantar y danzar para Él. Los *olim* podían ver el amor del Señor que brillaba en ellos.

Una pareja alemana, Hinrich y su esposa Elke, tomaron el liderazgo del equipo y trajeron fuerza y dedicación a la obra mientras yo viajaba a Londres y Jerusalén. Hinrich estaba dirigiendo la construcción de una enorme planta eléctrica cuando solicitó trabajo con nosotros unos meses atrás. Nuestra invitación le llegó el día que terminaba el proyecto. Inmediatamente pidió permiso para ausentarse y ayudarnos.

En el campamento nos relató la conversación que sostuvo con su jefe durante la fiesta por la terminación del proyecto.

—¿Por qué te vas a ayudar a los judíos? —le preguntó a Hinrich—. ¿Sabemos que las jóvenes son románticas y las viejas se dedican a la oración, pero ¿por qué tú?

—Dios le dijo a Abraham: "Bendeciré al que te bendijere" —le respondió Hinrich—. No tengo temor de arruinar mi carrera. Tú me vas a ascemder en mi puesto durante mi ausencia.

Su jefe le recordó aquellas palabras cuando, meses después, llamaba a Hinrich en Odessa con la noticia de que había sido ascendido.

El padre de Hinrich había sido oficial del ejército aleman que había participado en la brutal ocupación de Odessa. Cada vez que nos reuníamos con los *olim* en una cena de despedida antes de zarpar el barco hacia Israel, Hinrich les leía la profecía de Isaías 60.14:

> Y vendrán a ti humillados los hijos de los que te afligieron.

Y abrazábamos a los ucranianos que trabajaban en el campamento, y los tratábamos como a seres humanos, con una sonrisa. Esto era nuevo para ellos. Bajo el sistema comunista, habían trabajado bajo miedo y la presión de sus jefes. Por primera vez se veían respetados como persona. Gradualmente rompimos el espíritu que pesaba sobre el campamento. Una corpulenta *babushka* (abuela) que trabajaba en la cocina insistía en besarme donde-quiera que me veía.

Una noche nos reunimos con el personal y les dimos biblias en ruso y biblias para niños. Casi todos escogieron las biblias para niños que estaban ilustradas y eran más fácil de entender.

—Este es un libro escrito hace miles de años —les dije—. Vivimos en un tiempo en que se está cumpliendo lo que escribie-ron aquellos hombres de la antigüedad, aquellos profetas. Uste-des son personas privilegiadas porque toman parte en ese cumplimiento.

Un hombre de cabello gris que era parte del equipo parecía estar casi siempre completamente borracho. Se me acercó al día siguiente de la reunión.

—No pude tomar anoche —me dijo a través de un traduc-tor—. Estuve leyendo la Biblia toda la noche.

Cuando les dimos las Biblias las trataban con mayor respeto que nosotros en Occidente. Este había sido un libro prohibido du-rante setenta años y ellos se daban cuenta de que estábamos po-niendo en sus manos algo muy especial.

Entonces llegó lo que quizá fue lo más asombroso de todo. El único canal de televisión de Israel envió a un equipo especial a Odessa para preparar un documental sobre nuestro trabajo. La noche que la sorpresiva noticia del acuerdo entre Rabino y Arafat llegó a Israel, todo el pueblo se reunió alrededor de sus televiso-res para escuchar los detalles de aquella reunión. Al final, un re-portero apareció en la televisión y dijo: «Tenemos un reporte más que pertenece, probablemente a otro ritmo muy diferente, el rit-mo de Dios, pero que también es portador de buenas noticias y esperanza para el futuro».

Y con esto, el programa saltó a una toma de los voluntarios en el campamento que cantaban: «Sí, me gozaré; sí, me gozaré» apareció en la pantalla. Después presentaron catorce minutos de un documental en que se llevaba al pueblo israelita a través de toda nuestra obra desde la recogida de los *olim* en las estaciones de trenes hasta entregarlos a salvo en el puerto de Haifa. Había entrevistas con varios de nuestros voluntarios, pero se enfocaba más lo que se hacía que lo que se decía. Ante los ojos de toda la nación se desplegaban escenas de servicio y amor: voluntarios de todo el mundo que cargaban las maletas y los bultos de los inmigrantes, que danzaban con los niños, y que en el puerto decían adiós con sus manos y sus cantos. De vez en cuando enfocaban el rostro de algún voluntario y lo mantenían un rato en pantalla. Casi podía uno escuchar la pregunta: «¿Quiénes son estas personas? ¿Por qué están haciendo esto por nosotros?»

De aquellas muertes en el mar aquel Viernes Santo el Espíritu Santo había producido una resurrección. La Operación Éxodo había mostrado a la nación entera el amor de Dios y su fidelidad a su Palabra.

* * *

Durante este período el número de los *olim* había ido aumentando en cada viaje semanal. El nombre de Ebenezer se convertía en un nombre bien conocido y la comunidad judía comenzó a aceptarnos y a confiar en nosotros. Para el viaje número veinticinco, el último de ese año, nuestros voluntarios recogieron a veintidós diferentes grupos de *olim* en la estación de trenes, además de otros que fueron recogidos en autobús de las aldeas alrededor de Odessa. El campamento estaba repleto y nos vimos obligados a abrir otro campamento. Enfrentamos un nuevo y feliz reto: ¿tendríamos suficientes camas en el barco?

Al final todos pudieron embarcar. Algunos de los voluntarios durmieron en el suelo de las cabinas. Esa noche mi corazón rebosaba de gratitud. Cuando Elsa y yo subimos al barco dije a los voluntarios:

—Dios ha respondido a mis oraciones.

Cuando cruzábamos por debajo de los puentes de Estambul, yo estaba parado junto a un inmigrante incapacitado físicamente, quien miraba a su alrededor a través de unos binoculares.

—¿Me permite usar sus binoculares por un momento? —le dije. Quería estudiar la antigua fortaleza de piedra en la orilla del puerto. Me los dio, pero cuando se los quise devolver, no los aceptó.

—No, no, son suyos —me dijo—. Quiero regalárselos. Usted ha hecho tanto por mi pueblo.

Me sentí profundamente conmovido. Probablemente eran lo más valioso que poseía.

La noche antes de atracar en Haifa pudimos disfrutar aun más del aroma dulce de la reconciliación junto a los *olim*. ¡Cómo aplaudían mientras yo contaba el episodio del ex presidente de la BLASCO y de cómo Dios lo había quitado del medio.

Nosotros estamos tan acostumbrados a esas actitudes —me explicó una mujer del grupo— a que nos rechacen simplemente por ser judíos.

Estaban asombrados de que Dios interviniera en respuesta a la oración.

—Quiero alabar al Dios de Israel por toda su ayuda —les dije—. Ustedes necesitan aprender a orar cuando estén en Israel, y Dios les ayudará con sus problemas.

El amor de Dios llenó el salón como una nube a medida que los voluntarios abrían sus corazones a los *olim*. Vi a una joven norteamericana intercambiar lágrimas y abrazos con una inmigrante encorvada y canosa llamada Rebekah.

—Estamos trabajando juntos como si fuéramos uno —nos dijo Rebekah—. Nunca me habían brindado tanta atención ni tanto amor.

Un hombre de edad avanzada que parecía haber sido oficial del Ejército Rojo se acercó a mí, me dio la mano efusivamente y mee dijo:

—Yo fui comunista. Pero he llegado a creer en Dios al ver el amor que su gente le ha demostrado a mi pueblo.

También con nosotros venía un sobreviviente del Holocausto llamado Joseph. Lo habíamos invitado a él y a otros sobrevivientes a viajar en el barco y hacer un recorrido por Israel —una experiencia que se da una vez en la vida—, aunque ellos no tenían planes de emigrar.

—Estamos sorprendidos y maravillados —me dijo después de la reunión—. De verdad que todos lloramos. No podíamos creer que todo era realidad.

Nos contó su historia de los años de laguerra:

Mi familia y yo, junto con los demás judíos, fuimos recogidos por los alemanes. Con mi madre y mi hermana, mi abuelo y mi hermano, caminamos treinta y cinco kilómetros hasta el campamento. Hacía mucho frío; muchos murieron en el camino. Al campamento lo llamaban «El lugar de la muerte». Los que entraban allí no salían. Vivíamos en condiciones horribles. Mi madre y mi hermana murieron allí.

Antes de la guerra vivía con nosotros una rusa que trabajaba en nuestra casa. Esta hizo todo lo que pudo por nosotros. Nos siguió hasta el campamento. Trató de pasarnos comida. Después que el ejército ruso liberó el campamento, nos tomó a mi hermano mayor y a mí y trató de ayudarnos a encontrar a nuestro padre. Era una cristiana verdadera, la persona más preciosa que he conocido en mi vida. Tomó el papel de salvadora de nuestra familia. No hubiéramos sobrevivido sin su ayuda.

Para Elsa y para mí el oír de vez en cuando estas historias de cristianos que expusieron su vida por salvar a los judíos durante el Holocausto era como un rayo de sol. Este tipo de ayuda estaba prohibida por las fuerzas de ocupación alemanas bajo pena de tortura y muerte. Nos acordamos de otros como Corrie ten Boom, cuya familia escondió judíos en su casa durante la ocupación alemana de Holanda. Cuando las arrestaron, Corrie y su hermana fueron llevadas a un campo de concentración, juntamente con otros judíos, en un camión para transportar animales. Solo Corrie sobrevivió. Ambas fueron verdaderas intercesoras, y se mantuvieron con los judíos sin importarles la muerte.

El doctor Mordecai Paldiel, director del Salón de los Justos del Yad VaShem de Jerusalén, museo y memorial del Holocausto, informó que la mayoría de los cientos de rescatadores que el había investigado se vieron motivados por su fe cristiana a hacer esta obra a favor de los judíos. En su opinión, la Iglesia como institución salió manchada del Holocausto por no enfrentarse a tal atrocidad. «Pero las personas humildes y desconocidas tuvieron una comprensión de lo que es el cristianismo que la jerarquía de la Iglesia nunca tuvo», afirmó. «Como una religión de fe, amor y hermandad, el cristianismo demostró capacidad para ser una fuerza poderosa ... El Sermón del Monte, el Buen Samaritano los impulsaban. Esto habla a favor de las enseñanzas del cristianismo».

Capítulo 7

*Oíd Palabra de Jehová, oh naciones, y
hacedlo saber en las costas que están lejos,
y decid: El que esparció a Israel lo reunirá
y guardará, como el pastor a su rebaño
(Jeremías 31.10).*

Apenas habíamos pagado todas las deudas de los viajes marítimos cuando Esther se presentó en mi oficina de Bournemouth. A
mí no me engañó su cabeza encanecida. Aquella viuda y antigua
directora había sido una de nuestras voluntarias más determinada
y fuerte durante los difíciles meses en Odessa. Después de terminar dos de los viajes, juntamente con otra inglesa había decidido
viajar a Armenia en medio del invierno, en vez de regresar a las
tranquilas costas de Inglaterra. Esther había oído de las severas
condiciones allí y fue a investigar por sí misma la situación de la
comunidad judía.

Se reunieron con algunos judíos armenios, quienes luchaban
por sobrevivir los efectos del terremoto masivo de 1988 y la guerra que se libraba contra Azerbaijan. Solo había electricidad una
o dos horas al día y nadie sabía a qué hora les iba a llegar. El agua
fresca solo les llegaba cada tres días.

—¿No quieren irse a Israel? —preguntó Esther al líder de la
comunidad judía de Yerivan, capital de Armenia.

—No hay vuelos a Israel desde nuestro país —respondió—.
La única manera es ir vía Moscú y no tenemos dinero.

—¿Y qué si nosotros trajésemos un avión? —insistió Esther.
El líder se encogió de hombros con escepticismo.

Esther y su amiga les prometieron regresar. En Inglaterra
buscaron ayuda y volaron de nuevo a Armenia en febrero, acom-
pañadas de muchas cajas de cosas para ayudar a los judíos. La comunidad judía se quedó asombrada. Las dos mujeres habían

cumplido su palabra. Nunca antes nadie les había cumplido promesas.

—¿De veras hay alguna posibilidad de que nos traigan un avión para ir a Israel? —les preguntó el líder.

—Bueno ... sí —dijo Esther, mientras pensaba: «Aunque no sé quién lo pagará».

A su regreso a Inglaterra fueron a una compañía de aviación y alquilaron un avión en un circuito Londres-Yerevan-Tel Aviv-Londres tres meses después del trato. No tenían dinero. Esther solo contaba con una pensión. La otra mujer solo poseía la casa en que vivía. A la salida de las oficinas de la Aerolínea se miraron. Esther preguntó:

—¿Qué hemos hecho? ¡Hemos fletado un avión por sesenta mil libras esterlinas!

Fue entonces que vino a verme.

—Sabemos que no debemos recolectar dinero para vuelos de avión —reconoció Esther con serena certidumbre, pues había sido siempre una mujer sensible a la voz del Espíritu Santo—. Podemos recaudar ayuda humanitaria en Inglaterra para llevar en el avión, pero Dios pagará por el costo del vuelo.

Al final de su informe me sonrió.

—¿Podría usted orar acerca de si Ebenezer debe meterse en esto?

—¿Sabes? Siempre me cuesta mucho dinero hablar contigo —le comenté en broma, mientras pensaba en la situación.

Habíamos tenido un período largo e intenso de oración antes de poder pagar las deudas de los viajes marítimos y yo no sentía ninguna inclinación a abrir un nuevo campo en un país que no conocía.

—Necesitaría una señal muy clara del Señor para saber si debemos involucrarnos en esto —le dije.

Elsa y yo comenzamos a orar pero parecía que no recibíamos respuesta alguna. Semana tras semana yo recibía una llamada de Esther preguntando si sabíamos ya la respuesta del Señor.

—No he oído nada del Señor —le dije—. Esto no tiene nada que ver conmigo.

Yo sentía una profunda pena por ella después de las experiencias que había vivido. Pero aunque le preguntaba mucho al Señor sí debíamos involucrarnos, solo recibía silencio por respuesta. Yo sabía que no tenía otra alternativa sino estar quieto y continuar esperando en Él. «Sabemos que el Señor Dios de Israel lo tiene todo en sus manos», le dije en un fax a Esther, quien estaba ya en Yerevan organizando a los judíos para el viaje. «Sentimos que Él proveerá la salida y, por supuesto si recibimos señal de Él, serás la primera en saberlo».

Finalmente, la amiga de Esther me telefoneó un día a las 11:00 a.m.

—A menos que paguemos hoy —me dijo—, el vuelo será cancelado y esto nos hará un gran daño pues hemos recogido mucha ayuda humanitaria y, lo más importante, judíos listos para el viaje.

Ella me pedía un préstamo y estaba dispuesta a vender su casa para pagarlo.

—Te daré mi respuesta a las 3:00 p.m. —le dije.

De inmediato comencé a llamar a unos pocos de los intercesores de confianza para que buscáramos con urgencia la dirección del Señor. Elsa fue la primera en venir con su respuesta. Había sentido la urgencia de buscar versículos de la Biblia que hablaran de préstamos, y halló Lucas 11.5-8, donde se halla la parábola de Jesús acerca del amigo que fue a medianoche a pedir los tres panes prestados.

—Están bien desesperadas —me dijo—. Es casi medianoche para el vuelo. Y ellas han estado tocando a la puerta todas estas semanas.

Lo asombroso fue que un intercesor de Suecia me envió las mismas palabras. Comprendí que el Señor me decía que era correcto hacerlo, y las llamé para decirles que cubriríamos el vuelo con un préstamo por tres meses.

No fue sino más tarde que Elsa me habló del otro pasaje que había hallado: «Cuando prestes, no esperes que te sea devuelto».

Establecí contacto directo con la compañía de aviación y me aseguré de que tuviéramos contrato. Esta gente ya tenía experiencia en vuelos caritativos. Preparé la maleta. Estaba seguro que viajaría en aquel avión. Sin embargo, el Señor no me dio la luz verde para ir. No sentía paz en cuanto a hacer el viaje. Era desalentador: no podía podía entenderlo.

El día del vuelo le pedí a la aerolínea que me mantuviera al tanto de todo. El primer informe decía que todo iba bien, pero unas horas después me llamaron para decirme que no habían recibido permiso para el aterrizaje en el aeropuerto Ben Gurion.

—¿Cómo que no tienen permiso para aterrizar? —pregunté—. Debieron hacer los trámites mucho antes.

Pronto comprendí que el permiso les había sido negado. Las autoridades de aviación israelita habían verificado con la Agencia Israelita, la cual puso en dudas la operación diciendo que había muy pocos judíos en Armenia, si es que había alguno.

Me sorprendió. Ya el avión estaba en vuelo.

Envíe un fax urgente al embajador de Israel en Moscú, cuyos cónsules habían dado aprobación a los documentos de todos aquellos judíos.

—Ustedes les dieron las visas, ahora necesitan el permiso de entrada al país.

No llegaba respuesta. Pasaron varias horas. Esther me telefoneó para decirme que el avión había llegado y estaban descargando la ayuda humanitaria. En ese momento la línea telefónica con Armenia se cortó. Nuestros esfuerzos por reanudar la comunicación fueron inútiles. Me trace un plan de contingencia para llevar el avión a Chipre y mandar a los *olim* a Haifa por barco esa noche. Finalmente, cerca de las 10.00 de la noche llegó la llamada de la aerolínea confirmando, para gran alivio mío, que Israel había dado el permiso de aterrizaje. Comprendí que el Señor me había impedido ir en el viaje porque me necesitaba para manejar la crisis.

Pero en Yerevan Esther se encontró con la realidad de que las autoridades no permitían al avión reanudar su vuelo después de descargar. Exigían un pago de 9000 dólares en efectivo en vez de los 500 que originalmente habían pedido. Esther había pasado todo el día en inútiles negociaciones, reuniones, y subidas y bajadas de escaleras. En el aeropuerto no había nada de comer o tomar. A medianoche cortaron la electricidad y tuvo que subir las escaleras completamente a oscuras. Se fue a un rincón. Se sentía como si de todas partes le lanzaran flecha.

—¿Hemos sido dos tontas, Señor? —clamó—. ¿Hicimos algo atrevido que no venía de ti? Todos estos judíos están sin hogar y sin dinero para pagar el avión. No tenemos 9000 dólares para llevarles a Israel. ¿Qué vamos a hacer?

Sintió como si un relámpago la golpeara, y lo único que oyó fue «Toma el dinero». «¿Toma el dinero?», pensó. «¡Entonces ese dinero está aquí en algún lado!» Corrió a donde se encontraba su amiga. Juntaron cuanto tenían y se volvieron al pastor amigo que las acompañaba. Este dio todo el dinero que tenía, 1500 dólares, que le habían regalado para ayudarle en la compra de una oficina para su iglesia. En total reunieron como 3000 dólares.

Esther oró: «Señor, ¿de dónde sacamos lo que nos falta?» «Ve a los pilotos» le vino al pensamiento.

Cruzaron el campo de aterrizaje en absoluta oscuridad, y corrieron hasta encontrar el avión. Allí estaban los pilotos y los ayudantes de estos, sentado en la oscuridad en espera de noticias. Esther les dijo lo que había pasado.

—¿Cuánto necesita? —preguntó el capitán.

—Seis mil dólares.

El capitán las miró con asombro. Metió la mano en su bolsillo y sacó una faja de billetes.

—Creo que encontrará aquí 6000 dólares —dijo el capitán—. Se los presto. Me los devuelve cuando pueda.

Cuando se estaba vistiendo para el vuelo, había visto sus ahorros sobre el aparador. Por impulso tomó el dinero y se lo puso en el bolsillo. ¡Era la cantidad exacta que se necesitaba! Muchas horas más tarde el avión aterrizaba en el aeropuerto Ben Gurion, con sesenta y siete *olim*.

Esther permaneció en Yerivan, se pusieron a orar por el dinero necesario para devolver a Ebenezer el costo del vuelo. Me dijo que en su mente vio la imagen de una factura que decía: «Pagada». Minutos después sonó el teléfono. Era el fax en que yo le contaba lo del segundo pasaje bíblico que Elsa había hallado. Dios nos había otorgado la libertad de pagar el avión.

Esther no había terminado. Un ruego le había llegado de los judíos en la cercana región de Nagorno-Karabakh, escenario de feroces batallas entre Armenia y Azerbaijan. Esther se fue a investigar el lugar en un carro privado, acompañada de una voluntaria checa llamada Vlasta. Bagrat, miembro de la iglesia de Yerevan, iba manejando. Mientras ascendían el tortuoso camino entre las montañas la nieve comenzó a caer cayendo, y con más intensidad a medida que subían. Casi al llegar a la cumbre se vieron detenidos detrás de unos camiones estacionados en la empinada cuesta, imposibilitados de continuar por el hielo del pavimento. Vlasta contó el resto de la historia:

«Yo iba en el asiento delantero con un termo en una mano y una taza en la otra, disfrutando mi café, riendo y platicando. De pronto vi que un camión de unos diez metros de largo que estaba delante de nosotros comenzaba a resbalar hacia atrás. No sabía lo que estaba ocurriendo. Entonces vi saltar del vehículo al chofer y a un pasajero y comprendí que el problema era serio. No sabía qué hacer. Tiré el café y traté de abrir la puerta» me contó con gestos agitados.

«Era la primera vez que me sentaba en el frente y no podía abrir la puerta. Me di cuenta de que era demasiado tarde. Cerré los ojos y dije: "¡Jesús, ayúdame!" Cuando abrí los ojos vi que el camión se había detenido a solo un metro de nosotros. El chofer todavía temblaba cuando lo regresaron al camión media hora más tarde. "Yo me despedí de ustedes y del camión", nos contó, "porque una situación como esta siempre termina en una terrible catástrofe". Supimos que Dios estaba con nosotros y que debíamos seguir adelante».

Lograron ayudar a dos familias judías a salir de aquella tensa región. Yo me he sorprendido de hasta dónde el Espíritu Santo ha llevado a nuestros voluntarios por ayudar a los judíos, incluso hasta a poner sus vidas en peligro. Estoy muy agradecido porque todos han regresado bien de sus viajes.

Nuestra iniciativa en Armenia demostró que si había allí judíos que querían irse a Israel. La Agencia Israelita decidió financiar un segundo vuelo de noventa y ocho *olim* organizado por Esther y su amiga, y Ebenezer entonces cubrió los gastos de un tercero con ciento quince *olim* en diciembre de 1994.

Yo estuve en Tel Aviv para recibir este vuelo. Los pasajeros bajaron. Los hombres llegaron sin afeitarse, cansados pero llenos de gozo. Elsa y yo habíamos visitado Armenia un mes antes, por lo que pude reconocer a muchos de los *olim*. Había tanto gozo. Fue un encuentro lleno de emoción. Muchos tenían lágrimas en los ojos.

¡Una avenida amplia se había abierto para aquella antigua comunidad judía de aquel aislado país! Entregamos el trabajo en Armenia a miembros de la iglesia local. Estos mantuvieron un constante flujo de *olim*. Los llevaban en avión a Odessa, donde los acomodaban en los viajes del *Dimitri Shostakovich* que habíamos reanudado en 1995. ¡Ya para entonces más de quinientos judíos habían salido de Armenia, después de habérsenos dicho que allí no había ninguno! Y cuando Bagrat descubrió una vieja guía telefónica (de las cuales, si se encontraban, habían muy pocas), encontró más de mil quinientas familias con nombres judíos que podíamos contactar. No tengo la menor duda de qué hay muchos más judíos escondidos en la antigua Unión Soviética de los que las estadísticas oficiales nos dan cuenta. Dios conoce a su pueblo. Él los hallará.

* * *

Elsa y yo planeamos regresar a Armenia. Estábamos en Moscú y el cónsul israelita se asombró cuando le dije:

—Mañana volvemos a Armenia.

—¿Están seguros? —me preguntó—. Hay mucha tensión allí. Les aconsejo que no vayan.

En aquellos días se habían celebrado unas elecciones que muchos armenios creían que eran fraudulentas. La policía antimotines utilizaba gases lacrimógenos, cañones de agua y tiros al aire para detener una turba que amenazaba atacar el parlamento. Pero nosotros hicimos contacto con la iglesia en Armenia y supimos que habían obtenido el permiso para organizar una conferencia acerca de Israel, y yo tenía que hablar. Oramos y sentimos que debíamos ir.

Había militares y tanques en todas partes, y nosotros no teníamos visa, pero aun los oficiales de inmigración nos recibieron bien. Tuvimos un tiempo maravilloso. Había trescientos veinte asientos llenos durante aquella conferencia de un día, y varios estuvieron de pie en la parte trasera del salón. Pregunté de cuánto tiempo disponía para hablar. El pastor me miró y me dijo:

—De todo el tiempo que desee.

Fue una reunión dinámica. Querían saber más acerca de Israel. Cuando les comenté de nuestra obra, espontáneamente decidieron recoger una ofrenda. Luego esa noche, para concluir la conferencia, el pastor principal tomó el micrófono:

—Ahora bendeciremos a Gustav y a Elsa —dijo, y recogieron una ofrenda de amor para nosotros. Los ojos se me llenaron de lágrimas cuando vi a aquellos que no tenían nada pasar al frente y entregar dinero, lápices, anillos, chocolates, lo que tuvieran. Verdaderamente el Señor premió nuestra obediencia al ir allí.

En casi todas las iglesias que hemos tenido el privilegio de visitar en la antigua Unión Soviética, el pastor nos ha abierto el púlpito para que yo diera una enseñanza acerca de Israel y hable de la visión de Operación Éxodo. Ellos comprenden a los judíos porque, al igual que ellos, han sufrido mucho, y por lo tanto, tienen la voluntad de ayudar. Incluso hemos recibido el diezmo de lo poco que reciben de algunas de estas iglesias.

Ha sido una doble bendición para Elsa y para mí encontrar también en Occidente iglesias cuyos pastores han enseñado a sus congregaciones los propósitos de Dios con el pueblo y la tierra de Israel en estos últimos tiempos. Pero más frecuentemente cuando hablo en muchas congregaciones, se produce un silencio. No están seguros de cómo responder. Algunos dicen: «Nunca hemos oído nada igual». Así es que procuro citar mucho la Biblia, porque fue así como nuestros propios ojos se abrieron en cuanto a Israel.

Me invitaron a hablar en un servicio de entre semana en una iglesia luterana de Alemania. Después de exponer la visión de Operación Éxodo el pastor, vestido en ropa deportiva, pasó al frente. Pensé que iba a orar y terminar la reunión. Me quedé muy sorprendido cuando dijo con convicción:

—He escuchado cuidadosamente y siento que debo decirles que lo que el Sr. Scheller les ha comunicado se cumplió cuando los judíos regresaron de Babilonia. Esto no es algo que tiene que ver con el presente.

Fue un momento difícil para mí, que estaba de pie frente a la congregación. No dije nada. Años atrás yo hubiera discutido. A diferencia del limitado regreso de los judíos de Babilonia, este regreso es mundial y permanente, como lo presenta, por ejemplo, Ezequiel 37. 21-28. Pero he aprendido a dejar que sea Dios el que justifique.

Durante un tiempo de ayuno y oración, el Señor me mostró que la *Alilla* puede compararse con la parábola del hijo pródigo en Lucas 15. Los judíos en la tierra del norte están viviendo bajo una presión creciente: presión económica, presión política y anti-semitismo. ¡Están sufriendo! Como el hijo pródigo, comprenden que es mejor que regresen a la patria.

Y entonces Dios me mostró su corazón de Padre. Te digo que es un corazón quebrantado. Lo vi bien claro; anhela que su pueblo regrese. Los está buscando y les dice: «Venid, hijos míos, venid ahora».

Y luego me mostró al hijo mayor. ¡Nosotros somos ese hijo mayor! El Cuerpo de Cristo. Porque a la enorme mayoría de los que vivimos en ese Cuerpo de Cristo no les interesa el pueblo escogido de Dios, ni les importa lo que está sucediendo con Israel. El Padre está acongojado por la actitud del hermano mayor.

Muchos en la Iglesia sabemos que la Gran Comisión debe cumplirse antes del regreso del Señor Jesús (Mateo 24.14). Pero si al mismo tiempo no reconocemos el papel de Israel en los últimos tiempos, estamos de pie sobre una sola pierna. Vemos en

Hechos 1.6 y 3.21 que Jesús volverá cuando el reino le sea restaurado a Israel para que Él reine «sobre el trono de David y sobre su reino» (Isaías 9.7). Cuando he estado orando he sentido que el Señor me dice, «Gustav, he esperado casi dos mil años por este momento». Ahora es el tiempo. Dios en su misericordia infinita nos ha dado esta gloriosa oportunidad de ayudar a su pueblo escogido a regresar a la Tierra Prometida. Yo creo con todo mi corazón que nuestras acciones están registradas en el cielo y que ellas traerán gozo y alegría al Padre.

Capítulo 8

Haced oír, alabad y decid: Oh Jehová,
salva a tu pueblo, el remanente de Israel.
He aquí yo los hago volver de la tierra del
norte, y los reuniré de los fines de la tierra
(Jeremías 31.7-8).

María, un miembro de nuestro equipo, me había estado hablando desde hacía tiempo de los judíos en otra república de la antigua Unión Soviética, Kazakstan.

—No quiero saber nada de Kazakstan —le dije—. Primero tenemos que consolidar el trabajo que ya tenemos.

Es un país inmenso, más grande que toda la Europa Occidental y predominantemente musulmán. Pero María continuó insistiendo en la participación de Ebenezer. De mala gana un día decidí añadirlo a mi lista de oración. Al escribirlo en mi diario de oración me sorprendí un poco de que ese era el día que los que editaron el diario habían escogido para que se orase por esa nación.

A principios de 1995 Elsa y yo volamos a la ciudad de Karaganda, en el corazón de Kazakstan, en un avión de hélices perteneciente a la aerolínea Aeroflot. La azafata nos trajo algo de tomar. Era solamente agua, servida en unos tazones plásticos poco atractivos, que después solo enjuagaban para ofrecerlos a otros pasajeros. Es extraño, pero la comida y la bebida no parecen tener la misma importancia para ellos que para nosotros en Occidente. Cuando andamos por encargo de Dios, estamos absortos por la obra. Gozosamente aceptamos comida y condiciones de vida que jamás aceptaríamos en nuestra vida normal.

Debo confesar que a veces nos referimos a esta compañía aérea no como Aeroflot sino como «Aerofiasco». Como viajero frecuente de esta aerolínea, yo podría añadir muchas páginas contando algunas experiencias de vuelo singulares. Déjeme decir unas pocas: retrasos, cancelación de vuelos y aun cierre de aeropuertos por falta de gasolina o condiciones del tiempo. Nada de esto es poco común. A menudo hay pasajeros que viajan de pie en el pasillo ¡como «invitados que pagan» del capitán del vuelo! En broma a veces le pregunto a Elsa si trajo consigo el destornillador. Viajamos en oración, pues sabemos que cuando estamos en la perfecta voluntad del Padre cualquier lugar en la tierra es seguro, aun si estamos en un vuelo de Aerofiasco.

Al bajarnos del avión en Karaganda nos recibió el líder de la comunidad judía, Leonid, quien llegó a ser un gran y confiable amigo, y leal representante de Ebenezer. Al finalizar nuestra visita, Leonid me abrazó calurosamente y dijo:

—Un día mis nietos sabrán que Gustav vino a Karaganda para llamar a los judíos a que regresaran a Israel.

En nuestras repetidas visitas hemos visto de primera mano la batalla de la gente por sobrevivir en aquel difícil país. Hacía seis u ocho meses que los doctores, los maestros y los pensionados no recibían pago. La infraestructura se estaba derrumbando, los servicios de agua y electricidad habían sido suspendidos. No había habido servicio de gas para cocinar en los hogares desde hacía un año. Y aun en condiciones de invierno severo, en muchos hogares y oficinas no tenían cómo calentarse. Ya para aquel entonces muchos judíos habían comprendido que era hora de irse de allí. El Señor usó aquellos fuertes lazos de amistad para que durante el siguiente año pudieran salir de aquella tierra montañosa mil judíos.

Aún puedo ver el rostro de una señora judía, como de cincuenta años de edad, que había adoptado a tres niños que encontró en la calle. Me miró con rostro de esperanza y me dijo:

—Quiero irme a mi tierra, pero solo si puedo llevarme a estos tres niños.

Por un momento pensé que era un imposible. Ella no tenía documentos. Ni siquiera conocía el nombre completo de aquellos niños que había recogido de la calle. ¿Cómo iba a conseguir visas de Israel en tales circunstancias?

Fue muchos meses después que nuestro representante allí me llamó para decirme que aquella mujer y sus tres niños serían también pasajeros en nuestro próximo vuelo a Israel. Los ojos se me llenaron de lágrimas. Dios nuevamente había convertido lo imposible en posible.

Durante aquellos meses la ruta marítima continuó floreciendo y cuando llegó el momento de tomar el vuelo a Odessa para presenciar el último viaje de 1995, yo sabía que iba a estar bajo una presión muy fuerte. Nuestros voluntarios, los israelitas que utilizaban el barco, los dueños del Dimitri Shostakovich y los dueños del campamento que usábamos cómo base en Odessa me preguntaban:

—¿Cuándo reanudamos los viajes?

Pero cada vez que yo le preguntaba eso al Señor no recibía respuesta. La noche antes de mi partida clamé: «¡Dame una señal clara de lo que debo hacer!»

Elsa y yo debíamos partir para el aeropuerto de Heathrow a las 4:00 a.m. del día siguiente. Cuando desperté, para asombro mío, mi siempre exacto reloj suizo se había detenido, y mi lectura bíblica de esa mañana fue: «Estad quieto y ved la salvación de Señor». Comprendí que el Señor me había hablado y ya no quedó conflicto en mí. Algunos se sintieron defraudados, pero yo sabía que teníamos que esperar. Yo no me atrevo a actuar hasta que el Señor me dé su revelación. Si voy en contra de lo que Él me muestra, mi vida no vale.

A la vez descubrimos que no teníamos fondos suficientes para pagar los gastos del último viaje. A través de los años Dios había provisto mediante las pequeñas ofrendas de los creyentes fieles, pero estábamos bajo una presión incesante. Elsa y yo consideramos vender nuestro apartamento en Suiza, el cual habíamos comprado algunos años atrás para nuestro retiro y que fuimos pagando a lo largo de veinte años. Elsa, que era una mujer sabia, me dijo:

—Vamos a orar y a ayunar por una semana.

Nunca olvidaré que, después de cinco días de ayunos, mi secretaria Beverley nos llamó llena de alegría para decirnos que

Ebenezer había recibido una herencia substancial que pagaría completamente nuestras deudas. Sentimos un gozo inmenso. Fue como si el Señor nos hubiera devuelto nuestro encantador apartamento. Recordé cómo Abraham había puesto sobre el altar a su hijo Isaac y cómo Dios lo había bendecido grandemente por haberlo hecho.

A principios de enero sentí la libertad de comenzar nuevamente los viajes marítimos.

«Señor», oré una mañana en mi casa, «¿debemos usar el mismo barco?» Apresurado, tomé el automóvil para ir a la oficina y encendí el radio. Usualmente lo hago para oír cintas de adoración y alabanza, pero la música en el radio era una pieza clásica que me gusta mucho. El anunciador dijo al final: «Esa pieza fue compuesta por Dimitri Shostakovich», ¡el compositor ruso por el cual se le dio el nombre al barco que usábamos! Comprendí que el Señor me decía que siguiera adelante.

El sabe el final desde el principio. Al regresar a Odessa nos encontramos con que la poderosa empresa BLASCO estaba en tal crisis financiera que había tenido que vender varios de sus barcos de pasajeros. Esto les creó una competencia fuerte, puesto que los nuevos dueños de sus barcos estaban ansiosos de hacer negocio con nosotros. Pudimos contratar el Dimitri Shostakovich en 1996 en términos tales que ahorramos dinero, lo que nos hacía mucho más fácil la vida que si hubiéramos aceptado el contrato que nos habían ofrecido en diciembre.

* * *

Aunque estábamos establecidos en tres repúblicas, mi corazón aún se inclinaba como antes: «Ve a donde nadie está yendo». Sabía que operando en lugares difíciles no llevaríamos a la mayoría de los *olim* a Israel. Sin embargo, comencé a ver que operación Éxodo, como lo había expresado alguna vez Johannes, es más que nada una señal profética. Nuestro llamado es abrir camino como quien abre un surco, y llevarnos a aquellos cuyos casos parecen imposibles.

Pensé hacer una prueba cuando me vi con el funcionario de inmigración de la embajada israelita en Moscú.

—¿En qué partes de la antigua Unión Soviética los judíos necesitan más ayuda para hacer Alilla? —le pregunté.

—Siberia —me contestó sin titubear. Me conmovió. Unas semanas después yo estaba en la embajada israelita en la ciudad de Kiev y cuando hice la misma pregunta recibí la misma respuesta.

Recordaba bien la primera vez que visitamos Siberia. Terminados los viajes del Mediterranean Sky, el Señor nos había mostrado que debíamos explorar muchas otras partes de la antigua Unión Soviética, y fue así como viajamos hasta los confines de Siberia a bordo del tren transiberiano.

En la primera parte del viaje nos tocó sentarnos en duros bancos de madera de un carro de segunda desde Riga hasta Minsk. Ya se acercaba la medianoche y, si me permiten decirlo, las sentaderas me dolían ya. Estaba cansado, y miré a Elsa. Al mirarla comencé a reírme sin poder contenerme. La miré y ella también comenzó a reír. Después de unos momentos le dije:

—O estamos completamente locos o esto es del Señor.

Después de medianoche llegamos al hotel en Minsk. Ya me había acostado cuando el Señor me recordó que no había tenido mi lectura vespertina. Así que me levanté, encendí la luz y leí lo que tocaba esa noche. Era 1 Corintios 1.27:

Lo necio del mundo escogió Dios, para avergonzar a los sabios.

¡Me hizo sentir muy bien!

! Y lo débil del mundo escogió Dios, para avergonzar a lo fuerte.

Pasamos ocho días y ocho noches en trenes. Las líneas no estaban niveladas. No podíamos leer porque el libro se nos movía demasiado. Era mejor mirar el paisaje a través de la ventanilla.

No había nada que comer; cada vez que el tren se detenía quince minutos en alguna estación, comprábamos algo. Cuando bajábamos a la estación no sabía si era la plataforma la que subía y bajaba o yo. Unas mujeres pobremente vestidas vendían lo que podían. Recuerdo a una mujer que vendía puré de papa de una vasija sobre el cochecito de su bebé. Vi desesperación en sus ojos.

Durante este viaje, hicimos un pequeño desvío para visitar la región judía autónoma que Stalin creó en 1928. Stalin envió a los judíos a la región más aislada de Siberia, en la frontera con China, a una tierra donde no había nada. Sentimos deseos de visitar la capital, Birobidzhan. ¡Fue una tremenda experiencia llegar a la estación de trenes y ver el nombre de la ciudad escrito en ruso y en hebreo!

Teníamos la dirección de tres posibles contactos. No encontramos a nadie en las dos primeras. Cuando fuimos a la tercera, encontramos que era la dirección del líder de la comunidad judía de la región. Le abrí el corazón. Nos pidió que nos quedásemos a comer y disfrutamos de una suculenta comida. Al terminar, nos dijo:

—Esta noche celebramos el Shavuot en la sinagoga. Estará repleta. ¿Quisieran venir con nosotros?

No lo esperaba. Dios había escogido el momento. Nos había enviado a la región más aislada de Siberia exactamente en la noche de la celebración, cuando la pequeña estructura de madera de la sinagoga estaría repleta. Y tuve libertad esa noche para decirles:

—Ahora es el momento de volver a su tierra.

Estábamos ya terminando nuestro viaje y esperábamos con agrado volar a Japón al día siguiente. Habíamos pasado por lo menos doscientas horas en tren. Muy a menudo tocaban música «hard rock» en los vagones. Era perfecta para producir dolor de cabeza: parecía provenir del mismo infierno. De pronto la música se detuvo. Unos minutos después, se comenzó a escuchar el bellísimo Aleluya de Handel. Nunca habíamos escuchado algo como aquello. En medio de Siberia, ¡en lo más remoto de la tierra! Fue como si el Señor nos dijera, «Bien, buen siervo y fiel». Los dos lloramos. Fue una experiencia hermosa.

* * *

Tres años más tarde, Elsa y yo volábamos a Magadan, ciudad del extremo oriental de Siberia, para comenzar formalmente una obra. El territorio es tan inmenso (tres veces el tamaño de Estados Unidos continental) que el vuelo de Moscú toma ocho horas. Stalin mandó millones de prisioneros a los campamentos en Magadan precisamente por el aislamiento. Es accesible tan solo por aire, por barco o, si el tiempo lo permite, por vehículos de doble tracción que llevan consigo gasolina para un viaje por caminos de tierra y trasbordadores. No se necesitaban murallas ni guardias ni hay a dónde huir.

Doce millones de personas perecieron en los gulag de Siberia. Muchos eran judíos y cristianos enviados allí por practicar su fe. Para mí, este es el lugar más cercano al infierno que existe en la tierra. Y mientras contemplábamos las casuchas deplorables y la basura acumulada por todos lados, sentimos depresión, como si un espíritu de muerte todavía flotara sobre aquella región.

Sentimos en nuestro espíritu el impulso de ir a caminar y orar a través de la ciudad. Salimos en un frío día de verano. Aún en las montañas cercanas se veían los picos cubiertos de nieve. Llegamos a un lugar alto desde donde se podía ver el puerto adonde los barcos llevaban a los prisioneros destinados a morir. Me sentí sobrecogido, como si el Señor me dijera: «Profetiza sobre esta ciudad».

Yo nunca había hecho esto. Pero al estar parados allí la visión de Ezequiel sobre los huesos secos vino a mí. Abrí la Biblia en Ezequiel 37.12 y leí en voz alta:

Así ha dicho Jehová el Señor: He aquí yo abro vuestros sepulcros, pueblo mío, y os haré subir de vuestras sepulturas, y os traeré a la tierra de Israel.

Estaba profundamente conmovido. Los ojos se me llenaron de lágrimas. Y supe en aquel momento que el Señor nos estaba enviando a llamar a sus hijos e hijas desde los confines de la tierra.

Nos invitaron en Magadan a comer con una judía, su hijo y la joven esposa de este. Aquella familia tenían muy poco. Pero la madre trabajó dos días para preparar una buena comida. Puso montones de alimentos en la mesa. Nos sentimos apenados. Era mucho más de lo que podíamos comer.

Después de la cena, mientras nuestra anfitriona nos servía un aromático té caliente, saqué el arma, la Biblia:

—Miren lo que dijo Moisés hace tres mil años —les dije, y les leí Deuteronomio 30.4:

Aun cuando tus desterrados estuvieren en las parte más lejanas que hay debajo del cielo, de allí te recogerá Jehová tu Dios, y de allá te tomará.

Hice una pausa y los miré a los ojos.

—Ustedes viven en los confines de la tierra, y ya es hora de que regresen a su país.

¡Nunca olvidaré el momento en que, estando en Odessa para ver salir el primer viaje de 1996, vi llegar al hijo de aquella mujer con su esposa!

—¿Sabe? —me dijo—. Cuando usted habló de regresar a nuestro país, a Israel, comprendí que era el momento.

Vendieron todo lo que poseían y volaron a Moscú para recibir la aprobación de sus documentos en la embajada israelita. El avión donde iban se descompuso en el camino. Tuvieron que caminar largas horas en la nieve; lo atacaron y les robaron todo su dinero; algunas de sus pertenencias personales se las robaron en el tren que los llevaba a Odessa. Cuando llegaron a nosotros estaban emocionalmente destruidos. Pero nuestra gente les entregó su amor. Cuando los despedí al abordar el barco, había en ellos una nueva esperanza.

Juntamos un equipo para ir a pescar familias como esta y ayudarles a encontrar una ruta segura y confiable de llegar a Israel. Nos reunimos a principios de 1996 en Khabarovsk, la capital de la parte oriental de Siberia, para tener una semana de oración y discusión, un tiempo en el cual pudiéramos trazar nuestros planes estratégicos. Nuestros voluntarios debían dividirse en grupos de dos para «espiar la tierra», orar y convocar proféticamente a los judíos.

El día antes de mi partida tuve el privilegio de hablar en la escuela bíblica local, y les dije que estábamos enviando a nuestros equipos de pescadores. En la escuela había alumnos de diferentes regiones. Un joven pasó al frente.

—Yo puedo ayudar a su gente a encontrar familias judías en mi ciudad.

Otros siguieron su ejemplo. Pude ver una expresión de alivio en el rostro de nuestros voluntarios, quienes de no haber sido así hubieran viajado a lugares remotos sin conocer a nadie. Esta tierra no es Europa ni los Estados Unidos. Estos son «los confines de la tierra», donde los medios de comunicación son a menudo complicados e incluso ni siquiera existen, y en donde los extranjeros son vistos con recelo.

Inmediatamente aquellos estudiantes hicieron contacto con sus iglesias. Gracias a esto, al llegar nuestros voluntarios les ofrecían cama y comida. Verdaderamente el Señor es el mejor administrador. Rara vez he experimentado su presencia y amor como los sentí en aquella tierra olvidada.

Nuestros voluntarios regresaban con historias gloriosas de cómo Dios cuidó y abrió camino para que llegaran a aquellos judíos aislados de todos. Yveta, una joven checa que, acompañada de su amiga Martina, era una de las primeras en nuestra obra en Siberia, nos contó de su visita a un campamento en una región remota:

Tuve una corazonada. El Señor me dijo que saliera de Magadan y me fuese al interior del país. Deseaba visitar un campamento que estaba a seiscientos kilómetros de

Magadan. Hay una línea de autobuses pequeños que se van al interior de la región una vez por semana, por caminos de tierra. Cuando uno viaja en ellos es bien poco común: uno resbala. Tienes que agarrarte de algo porque todo salta constantemente. Los caminos están llenos de huecos.

Habíamos viajado unos trescientos kilómetros hacia el interior, cuando se descompuso el minibús. Cuando abrimos las puertas, cientos de mosquitos hambrientos entraron. Nunca en mi vida había visto tantos mosquitos ni tan grandes. El chofer movió la cabeza y dijo que no podía reparar el vehículo, comprendí que estaríamos abandonados allí por varios días antes de que alguien nos encontrara. Me puse a orar al Señor. «¿Nos abrirás un camino?»

De pronto el chofer levantó los ojos y dijo:

—Tengo una idea.

En menos de media hora reanudamos el viaje. Cuando llegamos al campamento parecía un milagro, un oasis en medio de un desierto. Allí había una iglesia y a través de ellos encontré a más de treinta familias judías. Algunos de estos jamás habían escuchado nada de lo que yo fui a decirles:

—Es hora de que regresen a su tierra. El Dios de Israel tiene magníficos planes con ustedes. Tiene un futuro.

Sabían de Israel, pero no tenían esperanza de llegar hasta allá. Les dijimos que los ayudaríamos.

Algunos estaban sorprendidos de que los hubiésemos encontrado, porque nunca le habían dicho a nadie que eran judíos y pensaban que nadie en el campamento lo sabía; pero la gente sabía muy bien quién era quién. Una señora judía se asustó mucho cuando la encontré y no quería hablar conmigo. Me cerraba la puerta y me decía: «No, no, no».

Entonces oré: «Señor, ayúdanos a tener un buen viaje de regreso». En aquella región hay muchas minas de oro en las que anteriormente trabajaban los prisioneros. Nosotros llegamos a una de las minas que aún estaba funcionando, y el supervisor nos dijo:

—Tengo que regresar a Magadan en mi helicóptero y te puedo llevar.

En dos horas yo estaba de regreso en Magadan.

No es fácil ayudar a los judíos en aquellos parajes remotos. El simple hecho de tomarles fotografías, de conseguir que revisen sus documentos y tramiten sus pasaportes puede ser un trabajo abrumador. Es un proceso largo. En algunos casos debemos enviarlos a otras repúblicas para que busquen su historial familiar y obtengan pruebas de que son judíos.

En los dos primeros años de nuestra obra de «pesca» en la Siberia oriental vimos a más de dos mil *olim* salir hacia Israel. Los llevábamos por avión, por ómnibus o por tren, a menudo en viajes peligrosos y difíciles, a un hotel pequeño en Khabarovsk donde estaban a salvo y seguros mientras esperaban por un vuelo de la Agencia Israelita. Siempre recordaré a una señora de pequeña estatura que conocí allí. Andaba con muletas. Medía unos 4 pies, 6 pulgadas. El equipo me dijo:

—Gustav, tienes que conocerla. Es una mujer muy especial —me dijeron en voz baja—. Conoce al Señor.

Querían tomarnos una foto a los dos. Ella dijo:

—Yo soy muy bajita. Vamos a pararnos junto a la escalera.

Subió al primer escalón, pero insistió:

—Todavía me veo muy baja.

Entonces subió al segundo escalón y así quedó a la misma altura mía. Nos tomamos la foto y pasamos un rato muy agradable. Tenía ochenta y un años y casi le faltaban todos los dientes, pero los ojos le brillaban. Quería irse a su tierra.

Nuestras investigaciones han mostrado que hay miles de judíos en el oriente del país, desde Magadan hasta el mismo Estrecho de Bering. ¡Un territorio enorme! Muchos judíos llegaron como prisioneros, y los que sobrevivieron, juntamente con sus familias aún continúan allí en un verdadero cautiverio. A menudo no dicen que son judíos, lo que hace imposible saber realmente cuántos son. No ha sido sino hasta hace muy poco que están dejándose conocer y confesando ser judíos para salir del país.

Muy a menudo la ayuda humanitaria es el secreto para entrar en esos lugares y recibir respuesta. Hemos llevado cajas de cuarenta pies de capacidad procedentes de Europa Occidental y los Estados Unidos. Cuando visitamos las sinagogas y le decimos al rabino que queremos presentarles la visión de Operación Éxodo, solo un pequeño grupo acude a oírnos. Pero si les decimos que llevamos ayuda humanitaria para su gente, todos llegan y eso nos da la oportunidad de hablarles del regreso a su país.

Una de las voluntarias me preguntó:

—¿Quiere conocer a los más pobres de los pobres?

—Sí —le dije mientras pensaba que me da pena entrar a esos hogares y ver la extrema miseria que hay en ellos.

Fuimos hasta allá en nuestro ómnibus y lo que más me conmovió fue que los niños y los ancianos salían a recibirnos y abrazaban a nuestros voluntarios. Estos se habían convertido en sus amigos.

—Gustav —me dijo la joven—, me he ganado su confianza y ahora les voy a hablar de que este es el momento de regresar a su tierra.

No es fácil ganarse la confianza de los judíos rusos. Toma mucho tiempo. Toma verdadero compromiso y entrega. Yo siempre digo a nuestros voluntarios: «El amor nunca falla». Así que primero rompemos la tierra, después la regamos, y muchas veces el Señor nos permite que alcancemos la cosecha.

* * *

De Siberia, Elsa y yo continuamos hacia el este y llegamos a Alaska. El día era glorioso y pude contemplar los picos nevados, los glaciares y los valles durante las seis horas que tomó nuestro vuelo. Todo esto me recordó una visión de la que numerosos creyentes me habían hablado. Llegaría un día cuando grandes números de judíos viajarían sobre aquellas tierras inhabitables y, cruzando el Estrecho de Bering, llegarían a Alaska.

Elsa estaba sentada en el asiento detrás de mí, también junto a una ventanilla, contemplando el paisaje desde el aire. Mientras más lo veía más dudaba ella que se pudiese atravesar esta tierra. «Entre ellos habría ancianos, niños, inválidos», pensó. «Hay animales salvajes en esta región: tigres de Siberia, osos y lobos».

«Señor», dijo en su espíritu, «si esta visión viene de ti, dame una señal.

Mientras continuaba mirando el panorama vio un cuadro formado con montañas, valles y precipicios. Era un águila grande con sus alas extendidas. Repentinamente recordó las palabras que Dios dijo a Moisés en Éxodo 19.4:

Vosotros visteis lo que hice a los egipcios, y cómo os tomé sobre alas de águilas, y os he traído a mí.

En estos momentos en que escribo este libro estamos investigando la posibilidad de llevar en avión a los *olim* a través de Alaska. Tuve el gozo de hablar en una iglesia de Alaska y mencioné la posibilidad de un éxodo que cruzara el Estrecho de Bering. Fue otra de esas reuniones cargadas de poder espiritual. El pastor pasó al frente y dijo:

—Nosotros como iglesia ya estamos haciendo preparativos para recibir a los judíos.

¿Será posible que las circunstancias llegarán a ser tales que requieran esta ruta de escape? Aprendí una lección en nuestro primer viaje a través de Siberia por tren que nunca he olvidado. Sucedió en la frontera con Mongolia. El tren se detuvo en un pueblo llamado Chita. Le pedí a Elsa que fuera a comprar algo de pan porque quería aprovechar y tomar unas fotos. Llevaba conmigo dos pequeñas cámaras fotográficas, una para fotos y otra para transparencias. Mientras tomaba las fotos, me di cuenta de que mi esposa no podía avanzar hacia el kiosko de madera. Todo el mundo empujaba. ¡No estábamos en Inglaterra! Así es que me acerqué y me valí de codos, debo admitir, con mayor efectividad.

Llegué al frente y puse mis cámaras sobre la madera de la ventanilla para sacar el dinero con el que iba a pagar el pan cuando me di cuenta de que nuestro tren ya se movía lentamente para partir. En estas partes del país un tren de pasajeros llegaba cada tres días. Elsa y yo echamos a correr. Alcanzamos a subirnos en el último carro y después nos abrimos paso hasta nuestro vagón. Me senté con mis dos barras de pan en las manos.

—¡Oh, no! —exclamé—. ¡Dejé mis cámaras en el kiosko!

Me puse furioso conmigo mismo. ¡Había perdido ambas cámaras! Fui a buscar la guía turística del tren para preguntar si había en el tren un lugar donde pudiera reportar las perdidas. La guía se echó a reír.

—En Rusia no hay nada de eso.

Aun enojado por la pérdida de las cámaras escuché la voz del Señor que me dijo: «Así pasará con los judíos que no salgan ahora. Correrán para salvar sus vidas y tendrán que dejarlo todo atrás». Aunque continuamos con nuestro trabajo de pesca, creo que el tiempo de los cazadores se acerca, como tan claramente lo expresó Jeremías en 16.61.

Kjell me contó que estaba orando en alta voz por nuestra obra mientras caminaba en un bosque de Suecia . De repente le salió al encuentro un cazador.

—¿No podría callarse, por favor? —el hombre rezongó—. Está molestando a los animales.

Kjell vio esto como una señal profética.

El antisemitismo no ha muerto. Un joven judío de la Siberia Oriental que estábamos ayudando para que hiciera la Alilla fue asesinado seis días antes de su programado viaje a Tel-Aviv. Un mes antes, unos hombres golpearon y robaron a una pareja que dirigía las oficinas de la Agencia Israelita en otra ciudad de Siberia .

—Esto es para que paguen por lo que han hecho en Rusia. Ya se pueden ir a Israel.

Nuestro grupo les ayudó a salir seis días después. Algunos grupos ultranacionalistas están iniciando abiertamente una campaña contra los judíos de Siberia. He visto periódicos en donde se hace un llamado a exterminar a los judíos. Presiento que tenemos el tiempo contado. Este presentimiento lo tienen muchos de nuestros interceptores, quienes han percibido en el Espíritu que se acercan tiempos turbulentos. El Señor nos ha recalcado de Zacarías 2.6:

Eh, eh, huid de la tierra del norte.

Una noche en nuestra oficina de Bournemonth el reloj de pared cayó al suelo. Dejó de funcionar completamente cuando las manillas marcaban exactamente las doce menos dos minutos. Lo guardamos como una señal.

Algunas veces hemos tratado de expresar esto a los judíos. Muchos no han estado listos para aceptarlo. Es una característica humana el esperar que las cosas van a mejorar. Muchos nos han dicho: «¡Yo seré el último en salir!» Cuando Elsa conversaba con los judíos que nos ayudaban en los trámites en Odessa diciéndoles que las cabinas que habían viajado vacías en el viaje del barco en 1993 pudieran representar vidas judías algún día, pensaron que exageraba. Un activista del movimiento sionista, Vladimir Jabotinsky, recibió la misma respuesta cuando trató de avisar a los judíos europeos en la década de 1930.

No solo en Alaska. En mis viajes a través de Norte América y Europa he encontrado iglesias, comunidades y creyentes individuales que ya están haciendo preparativos para ayudar a los judíos en su regreso a Israel. Un amigo me comentó un sueño en que vio que los judíos eran perseguidos, y que no podían escaparse de un país a otro. Vio escenas sangrientas y horribles. Había un solo lugar seguro: Israel.

Cuando despertó comenzó a llorar ante el Señor y a preguntarle porqué no había nadie que ayudara a su pueblo. El Señor le mostró un mapa grande del mundo con muchas lucecitas centelleantes, y se dio cuenta de que aquellas luces eran cristianos que creían en la Biblia y que ayudarían a los judíos en el regreso a su tierra. En nuestra generación, como durante el Holocausto, los cristianos quizás tengan que poner su vida por la familia de sangre del Mesías. «Por cuanto lo hicisteis al menor de estos mis hermanos», nos dirá el Rey un día, «a mí lo hicisteis».

Epílogo

La tierra del occidente

Hemos visto la caída de la Unión Soviética y el comienzo del éxodo desde la tierra del norte. Hemos visto cosas increíbles, cosas que otras generaciones de creyentes ni siquiera pudieron haber soñado. A través de los años muchos han sentido que el regreso del Mesías está cercano. ¡Cuánto más nosotros, que vemos cumplirse estas señales! Después de años de espera, el Señor una vez más está flexionando el santo brazo ante todas las naciones.

En el momento en que este libro va a la imprenta somos testigos de una explosión de actividades. Ebenezer ahora está activa en siete repúblicas. Mirando al pasado, estamos maravillados de lo que el Dios de Israel ha hecho. Comenzamos en 1991 con un grupo de tres. Ahora somos ciento cincuenta obreros. Cada cierto número de meses están regresando más judíos a Israel que en años anteriores. Como fruto de nuestra intercesión, el Señor esta entregándonos *olim*, fondos y personal para realizar el trabajo. Hasta ahora nos ha ayudado el Señor.

Aun así, sentimos que apenas estamos comenzando. Acontecimientos fenomenales están por ocurrir y no solamente en la tierra del norte. Siempre recuerdo lo que Kingsley me dijo antes de su gloriosa partida a la patria celestial en 1995: A través de Operación Éxodo el Espíritu Santo está quebrando y desbaratando las armas del enemigo «para que no pueda impedir la obra poderosa del Espíritu Santo cuando llegue la hora de completar su final *Alilla* desde los cuatro confines de la tierra».

Esto incluye también las tierras de occidente. Hoy en día hay más judíos en los Estados Unidos que en cualquier otro país, incluyendo a Israel. Hay cientos de miles más en Inglaterra, Francia y Canadá. Es cierto, el éxodo desde occidente es más difícil de visualizar, tan difícil como lo fuera el derrumbamiento de la Unión Soviética en aquellos días en que tuvimos la reunión en el Ayuntamiento.

En los primeros siete años de nuestra obra condujimos a Israel a veinte mil *olim*, pero algún día la Iglesia verá el fruto mucho más abundante del retorno final desde el resto del mundo. Nuestra intercesión por el pueblo de Israel significará entonces mucho más que el simple regreso de ese pueblo a su tierra. El Espíritu Santo también intercede por el retorno de los judíos al mismo árbol espiritual en el que nosotros hemos sido injertados. En aquel día ellos y nosotros seremos uno: la novia preparada para la llegada del novio.

Por lo tanto mi oración es doble:

Amado Padre, extiende el tiempo de tu gracia en el cual podamos ayudar a tu precioso pueblo escogido a regresar a su patria. Y aun así, Señor Jesús, ven pronto.

Apéndice 1

¿Te sientes llamado a ser parte de Operación Éxodo? Nuestras oficinas pueden darle información de cómo ayudar en el regreso de los judíos, ya sea monetariamente o en oración:

Inglaterra (Oficina central)
Ebenezer Emergency Fund
Ebenezer House
5A Poole Road
Bournemouth BH2 5QJ
Tel: (0) 1202 294455
Fax: (0) 1202 295550
E-mail: eef@btinternet.com

Estados Unidos
Ebenezer Emergency Fund
PO Box 26
Point Harbor, NC 27964
Tel: (252) 491-9201
Fax: (252) 491-9202
E-mail: eefusa@juno.com

Australia
Ebenezer Emergency Fund
PO Box 81
Brunswick Heads 2483 NSW

Suiza
Ebenezer Hilfsfonds
PO Box 11
4917 Melchnau

Nueva Zelandia
PO Box 5319
Terrace End
Palmerston North

Quizás usted también desea convertirse en un voluntario de Operación Éxodo. Estos reportes de los voluntarios muestran algunas de las formas en que el Señor puede usarnos para preparar el camino para el regreso del Mesías:

Primero nos reunimos frente a la aduana en el puerto. Todos los *olim* temen esta parte de su partida, pues es aquí donde les es dicho lo que pueden llevar a Israel y lo que deben dejar atrás. A menudo salen de este edificio con lágrimas.

Mientras caminaba entre la gente, Aleri me llamó para hacerme una pregunta sencilla.

—¿Por qué? ¿Por qué estás aquí? ¿Por qué los de Occidente lo dejan todo para estar aquí entre nosotros? ¿Por qué se sacrifican tanto por nosotros? No lo comprendemos.

¿Cómo podía yo decir o explicar que no era un sacrificio sino un privilegio y un honor poder ayudar al pueblo escogido de Dios a regresar a Israel? Mi respuesta también fue sencilla:

—Queremos ayudar al pueblo de Dios y mostrarles compasión.

Me miró y después de un rato, con una media sonrisa, respondió:

—Solo los que conocen al Dios Todopoderoso podrían hacer algo así.

El último autobús llegó y ayudamos a descargar el equipaje y a ponerlo en las armazones de madera. De allí irían a la aduana para ser inspeccionados y sellados hasta el momento de subir al barco. Aleri salió de la aduana y me vio. Se me acercó y preguntó:

—¿Por qué estás aquí todavía? Ya no tienes nada más que te obligue a estar aquí. ¿No deberías regresar a la base?

—La aduana es difícil —le respondí—. Queremos que ustedes vean caras amistosas, un rostro que les diga «los queremos» cuando terminen de pasar por ella.

Me miró con asombro y no pudo hacer otra cosa que sonreír y con lágrimas en los ojos decirme:

—Gracias.

Víctor Bulhann

Yo no hablo ni entiendo ruso. La mayor parte del tiempo no he podido comunicarme verbalmente con los *olim*, así que he tratado de comunicarles mi amor y el amor de Dios saludándolos con una sonrisa alegre y un «Hola» sincero en inglés. Algunas veces un suave toque en los hombros, una sonrisa y un «ha-ra-so» (bien) me ha confirmado que Dios, en su gracia y misericordia, construirá un camino donde parezca no haber camino.

Un día salí a la cubierta del barco y me senté en uno de los bancos. Estaba pidiendo a Dios que de alguna manera me ayudara a comunicar su gran amor a alguno de los inmigrantes. Muy pronto una señora a quien había ayudado con su equipaje cuando embarcó en Odessa vino y se sentó a mi lado. Su rostro resplandecía mientras me hablaba en ruso incesantemente. Todo lo que yo podía hacer era escuchar atentamente y mirarla con atención. Yo le sonreía y asentía con mi cabeza en aprobación aunque no entendía ni una palabra de lo que me decía. Estoy seguro de que ella sabía que así era, pero siguió hablando por lo menos diez o quince minutos al parecer sin que mi falta de comprensión le importara nada. Yo le había dado mi atención absoluta y había pasado tiempo con ella.

Al partir, había una expresión de gozo y satisfacción en su rostro. Comprendí que había sentido el amor de Dios a través de mi presencia. Después de todo ¿No es esta la verdadera expresión de amor? Simplemente pasar tiempos juntos y darnos a otros sin importarnos cuán poco sintamos que podemos dar.

Cuando bajó del barco en Haifa, me abrazó fuertemente y me plantó un beso en la mejilla, mientras me hablaba profundamente en ruso. Todo lo que pude entender fue «spaciba, spaciba» (gracias, gracias). Esto fue más que suficiente para saber que existe un idioma sobrenatural del amor de Dios que derriba todas las barreras.

La bendición de este encuentro me conmovió profundamente. Dios solo nos pide que demos lo que tenemos y Él lo usará para traer buen fruto para su gloria. ¡Gracias, Jesús, por tu fidelidad!

Gene Howard

El joven parado a la orilla del puerto dejó al fin de decir adiós con la mano, puesto que el barco ya casi había salido del puerto. Se había despedido de sus padres, quizás para siempre, y luchaba por contener las lágrimas.

—Tú también deberías prepararte para ir —le dije.

—No me puedo ir —me respondió—. Mi esposa no es judía y sus padres son muy ancianos ¿Cómo los vamos a dejar?

—Porque el Dios de Israel te está llamando.

—Eso no se aplica a mí. Nunca he puesto un pie en una sinagoga y no sé nada de religión.

Abrí la Biblia en Ezequiel 34 y le leí:

Porque así ha dicho Jehová el Señor: He aquí yo, yo mismo iré a buscar mis ovejas, y las reconoceré. Como reconoce su rebaño el pastor el día que está en medio de sus ovejas esparcidas, así reconoceré mis ovejas, y las libraré de todos los lugares en que fueron esparcidas el día nublado y de la obscuridad. Y yo las sacaré de los pueblos, y las juntaré de las tierras; las traeré a su propia tierra...

—No depende —le dije— de que hayas tenido oportunidad de aprender o no. Depende de la Palabra de Dios, quien ha prometido llevarte e de regreso a tu tierra.

—Pero no conozco a Dios.

—Dios te conoce a ti y te está hablando.

El milagro no pierde su encanto porque se repita. No hay nada más maravilloso que mirar a los ojos de un hijo de Jacob y experimentar el momento en que por primera vez sabe que está escuchando el Dios de Israel. Aquel joven se había criado en una sociedad que había hecho lo indecible por abolir todo concepto de Dios. Quizás nunca había entrado a una sinagoga. Probablemente no tenía idea de quiénes habían sido Abraham y Moisés. Creía que no podía conocer a Dios porque no le habían enseñado religión. Pero el Dios de Israel habla directamente al corazón y cuando ese hijo de Jacob oye esa palabra, no cuestiona su fuente. Desde ese momento en adelante el asunto de su repatriación no es una cuestión de dónde vivir, ni de dinero, ni de oportunidades de trabajo. Su vida, como el barco que habíamos visto partir, ha tomado un nuevo curso y el compás que la guía obrará irrevocablemente.

Barry Stronge

Apéndice 2

Texto de la carta del Dr. Kingsley Piddly de la Universidad de la Biblia de Gales:

Eastbourne
22.ix.94

Mis queridos Gustav y Elsa:

... Dios, el Espíritu Santo, está participando en Operación Éxodo en una forma singular. Me refiero a su ministerio intercesor por el regreso a Israel del pueblo judío desde todas partes del mundo. Es Él quien a través de este ministerio está tomando una posición de intercesión que prevalecerá hasta que el último remanente de ese pueblo sea llevado de regreso desde los cuatro rincones de la tierra...

Recuerdo cuando ustedes me pidieron, hace algún tiempo, que escribiera sobre la naturaleza de «Operación Éxodo». Dediqué entonces algo de mi tiempo para hacerlo, pero no pude «arrancar». El Espíritu Santo no me dio en aquel entonces libertad para escribir, pero creo que ha llegado el momento.

Como saben, la intercesión no es oración, y ni siquiera oración intensa. Cualquier persona puede orar y orar fervientemente por algo, y no estar comprometida irrevocablemente, a cualquier costo, a su cumplimiento. El intercesor sí lo hace.

En la intercesión hay una identificación con el asunto o las personas objeto de nuestra intercesión. El intercesor está dispuesto a tomar el lugar de la persona por la que ora; de dejar que las necesidades de aquellos sean sus necesidades; de dejar que las necesidades de aquellos se suplan a su propia cuenta, y de permitir que el sufrimiento de aquellos se convierta en la angustia de su propio corazón.

Eso fue lo que hizo el Señor. Jesús oró «*por los transgresores*» (Isaías 53.12). «Fue contado con los pecadores», y «herido por nuestras rebeliones» (v. 5). Se identificó con los pecadores, y nos aseguró el perdón pagando vicariamente nuestras deudas.

Hasta tuvo que «hacerse pecado» por nosotros para que pudiéramos alcanzar justicia ante Dios. Tuvo que enfrentarse a todo cuanto enfrentamos nosotros: tentación, oposición satánica y tribulaciones en este mundo caído. El diablo recibió la libertad de hacer contra Jesús todo lo que es capaz de hacer. Cuando los romanos fueron a prenderlo, Jesús le dijo al diablo, representado en sus agentes, que esa era su hora (Lucas 22.53).

«Debía en todo ser semejante a sus hermanos ... para expiar los pecados del pueblo. Por cuanto en Él mismo padeció siendo tentado, es poderoso para socorrer a los que son tentados» (Hebreos 2.17-18).

Y puesto que «la paga del pecado es muerte», tuvo que participar de nuestra naturaleza de carne y sangre «para destruir por medio de la muerte al que tenía el imperio de la muerte, esto es, al diablo, y librar a todos los que por el temor de la muerte estaban durante toda la vida sujetos a servidumbre (Hebreos 2.14-15).

Solo a través de una identificación tal con los pecadores, incluso hasta sufrir las consecuencias más terribles del pecado, en una victoria sin igual el Señor ganó su lugar de intercesión por los pecadores y por eso el apóstol Pablo pudo darnos este reto: «¿Quién es el que condenará? Cristo es el que murió; más aún, el que también resucitó, el que además está a la diestra de Dios, el que también intercede por nosotros» (Romanos 8.34).

Y en Hebreos 7.25 se nos asegura que «puede también salvar perpetuamente a los que por Él se acercan a Dios, viviendo siempre para interceder por ellos».

El que más se acerca a esto bajo el pacto del Antiguo Testamento fue Moisés cuando ofreció tomar el lugar de ellos y dejar que el juicio de Dios cayera sobre él, ya que el pecado de Israel no podía ser perdonado de ninguna otra manera: «[Perdona] ahora su pecado, y si no, ráeme ahora de tu libro que has escrito» (Éxodo 32.32.

Otros profetas también se identificaron con la nación y verdaderamente pudieron interceder por ella. Incluso Jeremías sintió tan fuertemente la carga por la nación que llegó al punto no querer volver a profetizar, pero se vio tan envuelto en todo lo que pasaba que sentía como si un fuego consumiera sus huesos, y nada lo podía detener (Jeremías 20.8-9). Se identificó tanto con la nación que, cuando después de la destrucción de Jerusalén el rey de Babilonia le ofreció a su libertad y protección, Jeremías escogió permanecer con el remanente que quedó en Israel para ministrarles, a pesar de que ellos ignoraban deliberadamente lo que les decía Dios y escogieron irse a Egipto (Jeremías 43.4-7).

Ester fue una intercesora que al exponer la vida por tal de que su pueblo fuese salvo (Ester 4:16).

La identificación de Daniel con la nación se ve claramente en el capítulo 9, cuando lo deja todo para clamar a Dios por el regreso de su pueblo a su tierra, en armonía con lo que Jeremías había profetizado. No solo perseveró en esto tanto que Dios movió a Ciro para que se cumpliera lo que Daniel pedía, sino que entró en un estado espiritual donde Dios le reveló misterios concernientes a la venida del Mesías y su sacrificio por el perdón de pecados (Daniel 9.20-27).

Pero la mayor parte del tiempo Dios buscó en vano personas como ellos. «Y vio que no había hombre, y se maravilló que no hubiera quien se interpusiese» (Isaías 59.16). Más adelante dijo: «Y busqué entre ellos hombre que hiciese vallado y que se pusiese en la brecha delante de mí, a favor de la tierra... y no lo hallé» (Ezequiel 22.30).

En esta dispensación el Espíritu Santo es el verdadero intercesor en la tierra. «Pero el mismo Espíritu intercede por nosotros con gemidos indecibles ... porque conforme a la voluntad de Dios intercede por los santos» (Romanos 8.26-27).

Sin embargo, se ha autolimitado a hacer esta intercesión a través de hombres y mujeres redimidos que le permitan usar sus cuerpos como templo (1 Corintios 6.19). El Espíritu Santo se apaga en estas personas si hay tensión o conflicto entre Su voluntad y la de ellos, lo cual requiere tal entrega de la voluntad de los creyentes que sus mismos cuerpos pueden ser presentados a Dios como «sacrificio vivo» (Romanos 12.1).

Esto implica un diario morir a la voluntad propia para que el Espíritu Santo pueda tener la libertad de vivir su vida en ese cuerpo. Como dijo Pablo: «Porque nosotros que vivimos, siempre estamos entregados a muerte por causa de Jesús, para que también la vida de Jesús se manifieste en nuestra carne moral. De manera que la muerte actúa en nosotros, y en vosotros la vida». (2 Corintios 4.11,12). Es un ministerio costoso pero glorioso.

Así que el canal humano comienza a identificarse más con la presencia interna del Espíritu Santo, a medida que ambos se identifican con la persona por la cual se intercede. El dolor y las tribulaciones que se experimentan se deben en parte a que la vida natural que aún permanece en el instrumento humano (orgullo, egoísmo, testarudez, celos etc.) deben ponerse a morir «crucificados con Cristo» (Gálatas 2.20) y deben ser reemplazados por el nuevo hombre, «creado según Dios en justicia y santidad» (Efesios 4.24).

Al actuar Dios sigue siempre el camino de la cruz, puesto que es solo a través de la muerte que puede puede producirse la vida resurrecta. «Si un grano de trigo no cae en la tierra y muere, queda solo; pero si muere, lleva mucho fruto» (Juan 12.24).

Aun en aquello que Dios ha dado y que está en armonía con la voluntad de Dios, si resulta en prosperidad y gran éxito, a la naturaleza humana le es imposible no adjudicarse el triunfo o no sentir orgullo, aunque sea solo en el pensamiento, a menos que estas cosas ya hayan muerto en ella. Es por esto que parece inevitable que en algún momento la obra que hacemos para Dios parezca morir, para que la persona que Él está usando sepa verdaderamente cuán inadecuada y capaz de fracasar es y luego, cuando Dios realiza la resurrección de la obra y da la victoria, el canal que Él usó nunca se atreva a tocar esa gloria ni siquiera en su pensamiento.

Mas también el dolor y la tribulación que se experimentan son porque el diablo siempre se opone a que se haga la voluntad de Dios. Sus agentes siempre luchan en contra de la obra de Dios y usaran lo que puedan usar para hacerlo.

El Espíritu Santo a través de sus instrumentos humanos, debe rechazar y vencer cada uno de estos ataques aferrándose a la victoria total y definitiva que se ganó en el Calvario y aplicándola mediante fe y obediencia, usando «la espada del Espíritu, que es la Palabra de Dios». A medida que se va venciendo al enemigo en cada asunto, se establece una victoria que puede aplicarse después en circunstancias similares. Esto es ganar una posición de intercesión desde la cual se puede interceder en el futuro.

Así que gracias a la victoria que Él obtuvo de una vez y para siempre en el Calvario, el Señor Jesús vive eternamente para hacer intercesión por cada pecador que acuda a Dios a través de Él.

Es en esta forma en la que el Espíritu Santo esta usando a Operación Éxodo para ganar una posición de intercesión para el retorno de los judíos de todas partes del mundo. Aunque esto está profetizado claramente en las Escrituras y su cumplimiento es seguro, no ocurrirá automáticamente.

Dios profetizó a través de Jeremías que los judíos regresarían a su tierra desde Babilonia después de setenta años de cautiverio, pero fue necesaria la intercesión de Daniel cuando llego la hora de que se cumpliera la profecía.

Aunque nuestro Señor dijo que el evangelio del Reino será predicado en todo el mundo como testimonio a todas las naciones antes de que venga el fin, el Espíritu Santo no podrá hacer esto sin la vida de multitudes de santos que se pongan a su disposición en sacrificio santo.

En el transcurso del ministerio de Operación Éxodo al diablo ha de permitírse que traiga en contra de esta obra toda clase de oposición que pueda maquinar. Pero, a través de la fe y la obediencia celosa de sus instrumentos, el Espíritu Santo conquistará cada una de las armas que el enemigo pueda usar para impedir que la plenitud del segundo éxodo suceda, porque estas armas ya están vencidas y quebradas. Así es que el diablo no tendrá poder para impedir que el *Aliyha* de Dios logre su cometido desde las cuatro rincones de la tierra.

Es un gran privilegio, si bien muy costoso, para Gustav y Elsa y todos los demás que participan con ellos 100% en esta obra, el ser los instrumentos del Espíritu Santo preparados para este ministerio intercesor de los últimos tiempos. Ellos necesitan, y son dignos de todo el apoyo que el resto de nosotros podamos darles en oración y en cualquier otra forma.

¡Shalom!

Suyos en Su amor y victoria,
Kingley

Apéndice 3

Referencias bíblicas
Profecías de la Palabra de Dios:

Génesis 12.1-3 Ezequiel 20.33-35
Génesis 35.11-12 Ezequiel 36.17-28
Jeremías 23.3-7 Sofonías 2.1-2
Jeremías 30.10

Acontecimientos de la Palabra de Dios:

Isaías 49.22 Romanos 11.11-12,17-18,
Isaías 59.21 25-31
Jeremías 31.37 Romanos 15.27
Ezequiel 36 Efesios 3.6

Referencias de Estudio:

Deuteronomio 4.27 Isaías 14.1-2
Deuteronomio 28.64a Isaías 27.12-13
Deuteronomio 30.1-4 Isaías 36.8-10
Deuteronomio 32.26 Isaías 40.1-5
Salmo 105.37,42-43 Isaías 41.8-11
Salmo 106.44-47 Isaías 42.22
Salmo 122.6 Isaías 43.1,2,6,8,13
Salmo 137.4-6 Isaías 44.3-6
Salmo 147.1-2 Isaías 45.2-6
Isaías 11.10-12 Isaías 46.3-4

Isaías 49.8-10

Isaías 51.14

Isaías 57.14,18

Isaías 60.4, 8-9

Isaías 62.4-7,10-12

Jeremías 13.16-18

Jeremías 16.14-16

Jeremías 23.3, 7-8

Jeremías 30.16-17

Jeremías 31.7-11,31-34

Ezequiel 34.11-13,16

Ezequiel 36.8,24-28

Ezequiel 37.12-14

Ezequiel 39.27-28

Oseas capítulos 3,4,11,14

Amos 9.11-14

Miqueas 4.6-7

Sofonías 2.6-7

Romanos 15.27

Apéndice 4

Comité de Inmigración y Absorción
KNESSET

Jerusalén, 20 de Enero de 1992
15 Shevat 5752

Ebenezer Emergency Fund
EXODUS II
Ebenezer House
5a Poole Road
Bournemouth, England

Estimados amigos,

He seguido con gran interés el establecimiento de la línea marítima de Éxodo. En nombre del Comité de Inmigración y Absorción del Kneset, les extiendo nuestras sinceras felicitaciones por el exitoso cumplimiento de sus tres primeros viajes de Odessa a Haifa. Estoy muy consciente de sus esfuerzos por hacer de estos viajes históricos una realidad y me han conmovido profundamente las generosas donaciones de los cristianos alrededor del mundo. Es bueno ver que Israel tiene muchos amigos que de veras se preocupan por el regreso de nuestra gente desde la tierra del norte.

Mis mejores deseos acompañan a Ebenezer Emergency Fund/ ÉXODO II , y deseo que a través de sus esfuerzos sea posible que miles de judíos soviéticos encuentren al fin su camino de regreso a la patria.

Sinceramente,

Michael Kleiner, M.K.
Presidente

Departamento de Inmigración y Absorción

19 de agosto de 1993

Mr. Gustav Scheller
International Coordinator
Ebenezer Emergency Fund
Ebenezer House
5a Poole Road
Bournemouth, England

Estimado Sr. Scheller,

Estuve muy impresionado con su personalidad y sus palabras en el Knesset en Jerusalén. Apreciamos mucho lo que está haciendo for el pueblo judío y el Estado de Israel.

Me gustaría además extenderles nuestro aprecio a sus patrocinadores. Ustedes son parte de un gran acontecimiento histórico, el retorno del pueblo judío a su tierra. Gracias por lo que están haciendo.

De usted muy atentamente,

Uri Gordon
Jefe del Departamento de
Inmigración y Absorción